LE TEMPS DES
CHEVALIERS

Fers de flèches
du Moyen Age

Broche flamande en or
du XVᵉ siècle

Candélabre mural
français du XVIᵉ siècle

Pot de
chambre
de la fin du
Moyen Age

Armure
allemande de 1520,
à décor cannelé

Chandelier
dit « à broche »
de 1230

LE TEMPS DES
CHEVALIERS

par

Christopher Gravett

Photographies originales de Geoff Dann

Couteau
pour servir
la nourriture
(Allemagne,
XVe siècle)

Casque de parade italien du XVIe siècle

Hallebarde
allemande
de la fin du
XVIe siècle

LES YEUX DE LA DÉCOUVERTE
GALLIMARD

Chanfrein allemand
du XVᵉ siècle

Eperon à molette en cuivre
doré du XVᵉ siècle

Comité éditorial
Londres :
Louise Barratt, Ann Cannings, Julia Harris
Kathy Lockley, Helen Parker et Phil Wikinson

Paris :
Christine Baker, Françoise Favez
Manne Héron et Jacques Marziou

Édition française préparée par
Marc de Haut
Conseiller : Brigitte Coppin, historienne

Collection créée par

Peter Kindersley,
Jean-Olivier Héron
et
Pierre Marchand

Hallebarde
allemande
du début du
XVIᵉ siècle

Plaque du XIVᵉ siècle, provenant d'une
tombe, montrant un chevalier en selle

Epée
allemande
du XVIᵉ
siècle

Barbute
italienne de 1445

ISBN 2-07-053809-5
La conception de cette collection est le fruit
d'une collaboration entre les Éditions Gallimard
et Dorling Kindersley.
© Dorling Kindersley Limited, Londres 1993
© Éditions Gallimard, Paris 1993, pour l'édition française
Loi n° 49-956 du 16 juillet 1949
sur les publications destinées à la jeunesse.
Pour les pages 64 à 71 :
© Dorling Kindersley Ltd, Londres 2003
Édition française des pages 64 à 71 :
© Éditions Gallimard, Paris 2003
Traduction : Stéphanie Alglave - Édition : Éric Pierrat
Relecture-spécialiste : Brigitte Coppin
Préparation : Emmanuel de Saint Martin
Correction : Isabelle Haffen et Lorène Bücher
Flashage : IGS (16)
1ᵉʳ dépôt légal : mars 2003
Dépôt légal : mars 2005. N° d'édition : 133627
Imprimé en Chine par Toppan Printing Co., (Shenzen) Ltd.

SOMMAIRE

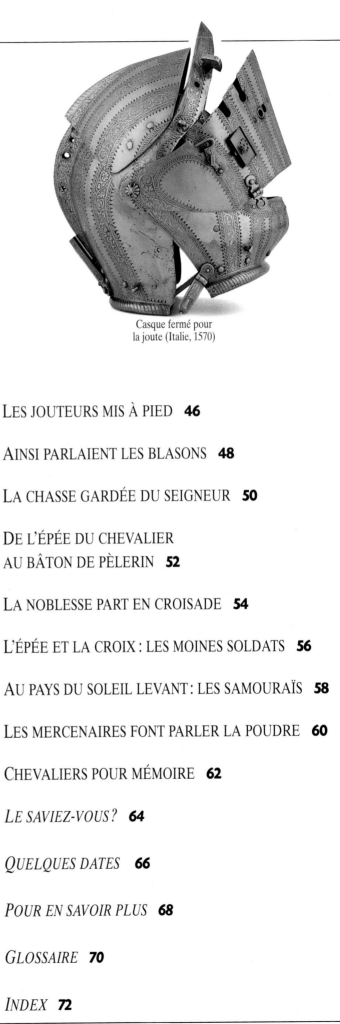

Casque fermé pour
la joute (Italie, 1570)

DU CAVALIER FIDÈLE AU SEIGNEUR FÉODAL

Au IVe siècle, l'Empire romain s'effondre
lentement sous la poussée des
invasions barbares. Parmi les
envahisseurs, l'une des tribus
les plus puissantes est celle des Francs,
venus de l'Ouest de l'Europe centrale.
Les Francs conquièrent bientôt un vaste
territoire où ils s'allient peu à peu avec
l'aristocratie romaine. Trois siècles plus tard,
en 800, un de leurs chefs, Charlemagne, se fait
couronner « empereur d'Occident » ; il dispose
d'une armée puissante encadrée par des cavaliers
dont il s'assure la fidélité en leur distribuant des
terres. Pendant le IXe siècle, l'Empire carolingien
est déchiré par de nouvelles invasions et par les
guerres de succession entre les descendants
de Charlemagne. Dans ce climat d'insécurité,
le pouvoir glisse peu à peu entre les mains
de seigneurs locaux qui possèdent des armes et
des chevaux, et qui assurent la protection des
paysans en échange de leur soumission.
C'est le début du système féodal qui
va s'épanouir dans toute l'Europe
occidentale, système basé sur
le serment de fidélité à
plus puissant que soi.

Monnaie de
Charlemagne

ÉPIEU À OREILLES
Les fantassins (combattants
à pied) de l'armée carolingienne
portaient un long épieu muni
d'arrêtoirs en saillie ou
« oreilles ». Les cavaliers
utilisaient une version plus
courte de la même arme qui
prit alors le nom de lance.
Les oreilles empêchent
que l'arme ne s'enfonce
et ne reste coincée dans
le corps de l'adversaire.

CAVALERIE CAROLINGIENNE
A l'époque de Charlemagne, et de
ses descendants (les Carolingiens),
les combattants à cheval prirent beaucoup
d'importance. Sur ce manuscrit du IXe siècle,
les hommes portent des armures en écailles de
métal ou « broignes ». Ils ont aussi des casques,
des boucliers, des lances et surtout des étriers
qui leur assurent une meilleure assise.

Lame à double
tranchant

Oreille

CAVALIER BARBARE
Les armées barbares qui causèrent la chute de
l'Empire romain comptaient plus de fantassins
que de cavaliers, mais ceux-ci sont les ancêtres
des chevaliers du Moyen Age. Sur cette plaque,
datée environ de l'an 600, on voit un cavalier
lombard qui monte à cru, sans selle ni étriers.

Douille pour
la hampe

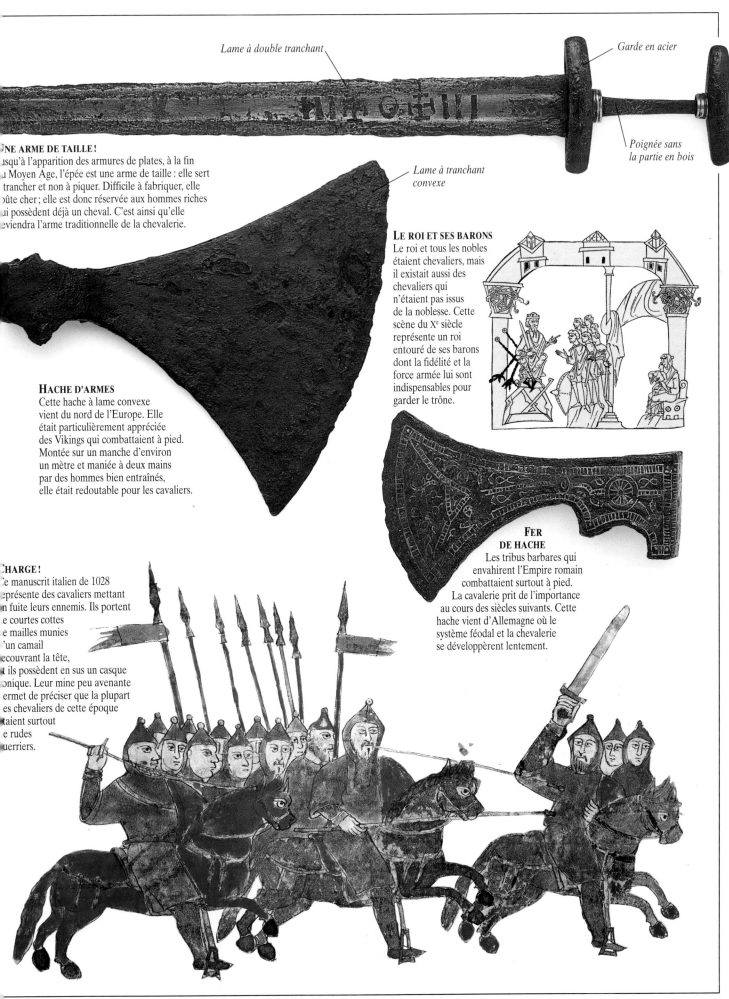

Lame à double tranchant

Garde en acier

Poignée sans la partie en bois

UNE ARME DE TAILLE !

Jusqu'à l'apparition des armures de plates, à la fin du Moyen Âge, l'épée est une arme de taille : elle sert à trancher et non à piquer. Difficile à fabriquer, elle coûte cher ; elle est donc réservée aux hommes riches qui possèdent déjà un cheval. C'est ainsi qu'elle deviendra l'arme traditionnelle de la chevalerie.

Lame à tranchant convexe

HACHE D'ARMES

Cette hache à lame convexe vient du nord de l'Europe. Elle était particulièrement appréciée des Vikings qui combattaient à pied. Montée sur un manche d'environ un mètre et maniée à deux mains par des hommes bien entraînés, elle était redoutable pour les cavaliers.

LE ROI ET SES BARONS

Le roi et tous les nobles étaient chevaliers, mais il existait aussi des chevaliers qui n'étaient pas issus de la noblesse. Cette scène du Xe siècle représente un roi entouré de ses barons dont la fidélité et la force armée lui sont indispensables pour garder le trône.

FER DE HACHE

Les tribus barbares qui envahirent l'Empire romain combattaient surtout à pied. La cavalerie prit de l'importance au cours des siècles suivants. Cette hache vient d'Allemagne où le système féodal et la chevalerie se développèrent lentement.

CHARGE !

Ce manuscrit italien de 1028 représente des cavaliers mettant en fuite leurs ennemis. Ils portent de courtes cottes de mailles munies d'un camail recouvrant la tête, et ils possèdent en sus un casque conique. Leur mine peu avenante permet de préciser que la plupart des chevaliers de cette époque étaient surtout de rudes guerriers.

LES NORMANDS DÉBARQUENT

Afin de limiter les raids dévastateurs des Vikings sur les côtes de France, le roi carolingien Charles le Chauve leur offrit en 911 un territoire qui prit le nom de Normandie (en langue germanique, normand : homme du Nord). Leur chef Rollon devint le premier duc de Normandie. Venus de la mer, les Vikings combattaient surtout à pied, mais, une fois devenus Normands, ils prirent exemple sur leurs voisins et se révélèrent bientôt de redoutables cavaliers. Lorsque le roi d'Angleterre, Édouard le Confesseur, meurt en 1066 sans héritier direct, son cousin le duc Guillaume de Normandie réclame le trône et traverse la Manche avec une immense armée. Ce faisant, il réalise l'une des plus vastes entreprises militaires du Moyen Âge. Devenu roi d'Angleterre, il y introduit le système féodal qu'il avait établi en Normandie.

L'ARMÉE TRAVERSE LA MER
Sur le point d'un bateau, les soldats normands de Guillaume le Conquérant s'apprêtent à débarquer, armés de leurs lances et de leurs boucliers en bois. Ce manuscrit français du XIᵉ siècle représente les bateaux qu'utilisèrent les Normands pour envahir l'Angleterre.

Umbo métallique

Aiguillon

Bossette métallique

ÉPERON À AIGUILLON
Cet éperon du XIᵉ siècle est en fer étamé. On l'attachait au pied par des lanières rivetées aux deux extrémités des branches. Les éperons étaient portés par toutes sortes de cavaliers mais ils devinrent vite un des emblèmes favoris de la chevalerie.

Branche d'éperon

BIEN ARMÉ
Cette figurine en bronze du XIIᵉ sièc[l] témoigne de la lente évolution de l'armement après l'époque normande On y retrouve encore le casque coni[q] à nasal et le long bouclier (ou écu) normand. Au centre du bouclier : un *umbo* décoré. Le haubert de mailles à manches longues se portait sur un vêtement rembourré appelé gambiso[n]

Emplacement du bandeau pour fixer la courroie

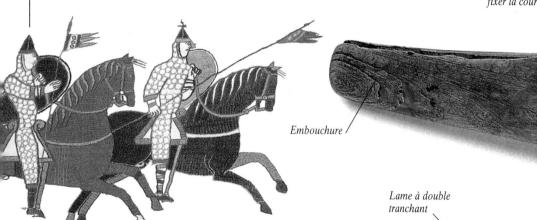

Embouchure

Lame à double tranchant

LA CHARGE DE CAVALERIE
Cette scène est tirée de la *Tapisserie de Bayeux*, broderie probablement exécutée vingt ans après la bataille d'Hastings. On y voit des chevaliers normands portant le haubert de mailles à capuchon, le heaume en acier muni d'un nasal et le bouclier pointu et incurvé appelé écu. Au bout des lances, les petits drapeaux ou pennons étaient portés par les hommes de haut rang.

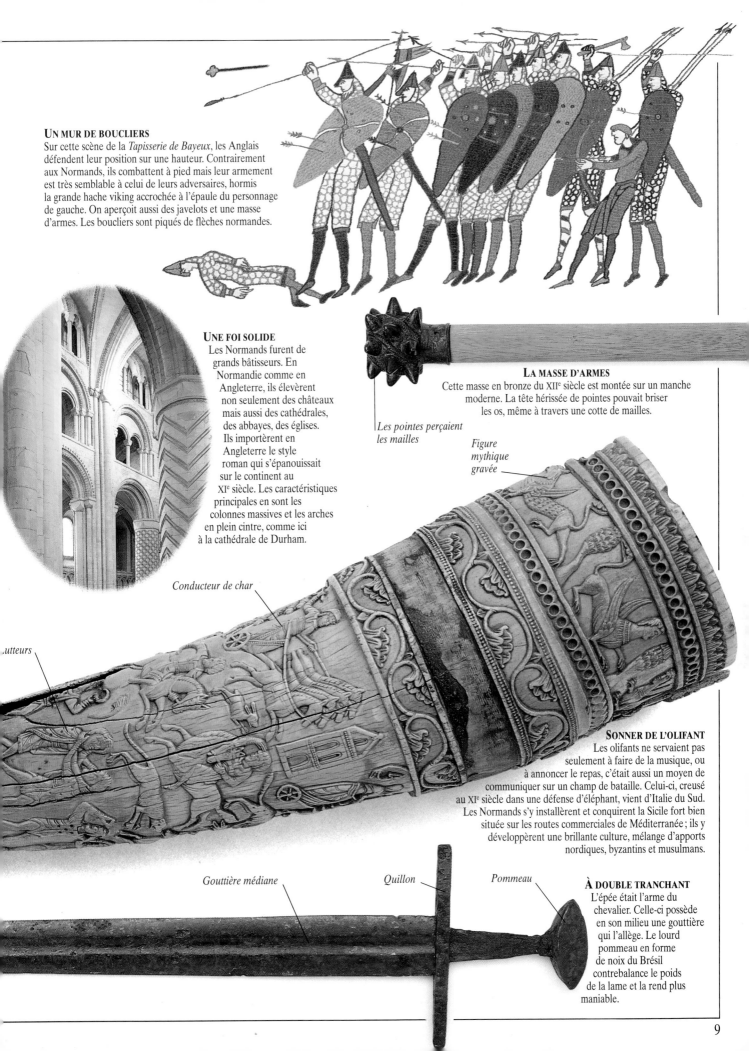

UN MUR DE BOUCLIERS
Sur cette scène de la *Tapisserie de Bayeux*, les Anglais défendent leur position sur une hauteur. Contrairement aux Normands, ils combattent à pied mais leur armement est très semblable à celui de leurs adversaires, hormis la grande hache viking accrochée à l'épaule du personnage de gauche. On aperçoit aussi des javelots et une masse d'armes. Les boucliers sont piqués de flèches normandes.

UNE FOI SOLIDE
Les Normands furent de grands bâtisseurs. En Normandie comme en Angleterre, ils élevèrent non seulement des châteaux mais aussi des cathédrales, des abbayes, des églises. Ils importèrent en Angleterre le style roman qui s'épanouissait sur le continent au XIᵉ siècle. Les caractéristiques principales en sont les colonnes massives et les arches en plein cintre, comme ici à la cathédrale de Durham.

LA MASSE D'ARMES
Cette masse en bronze du XIIᵉ siècle est montée sur un manche moderne. La tête hérissée de pointes pouvait briser les os, même à travers une cotte de mailles.

Les pointes perçaient les mailles

Figure mythique gravée

Conducteur de char

...utteurs

SONNER DE L'OLIFANT
Les olifants ne servaient pas seulement à faire de la musique, ou à annoncer le repas, c'était aussi un moyen de communiquer sur un champ de bataille. Celui-ci, creusé au XIᵉ siècle dans une défense d'éléphant, vient d'Italie du Sud. Les Normands s'y installèrent et conquirent la Sicile fort bien située sur les routes commerciales de Méditerranée ; ils y développèrent une brillante culture, mélange d'apports nordiques, byzantins et musulmans.

Gouttière médiane

Quillon

Pommeau

À DOUBLE TRANCHANT
L'épée était l'arme du chevalier. Celle-ci possède en son milieu une gouttière qui l'allège. Le lourd pommeau en forme de noix du Brésil contrebalance le poids de la lame et la rend plus maniable.

ON NAÎT NOBLE, ON DEVIENT CHEVALIER

Vers sept ans, un garçon de sang noble quittait sa famille pour devenir
page chez un autre noble. Là, il rendait de menus services, servait les
dames, apprenait à monter à cheval et à soigner sa monture, et recevait
parfois des rudiments d'instruction. À quatorze ans, il était nommé
écuyer au service d'un chevalier, et son éducation se poursuivait,
fondée sur l'entraînement physique, la chasse et le maniement
des armes. Mais il s'occupait aussi des chevaux et des
armures de son maître. Celui-ci l'emmenait à la guerre :
le jeune homme devait alors porter son armure, l'aider à
s'habiller et l'assister en cas de blessure ; parfois, il participait
à la bataille. Dans le sillage de son maître, au combat et au
tournoi, il apprenait peu à peu les règles de la chevalerie. Vers
vingt et un ans, lorsqu'il avait fait ses preuves, il était fait chevalier.

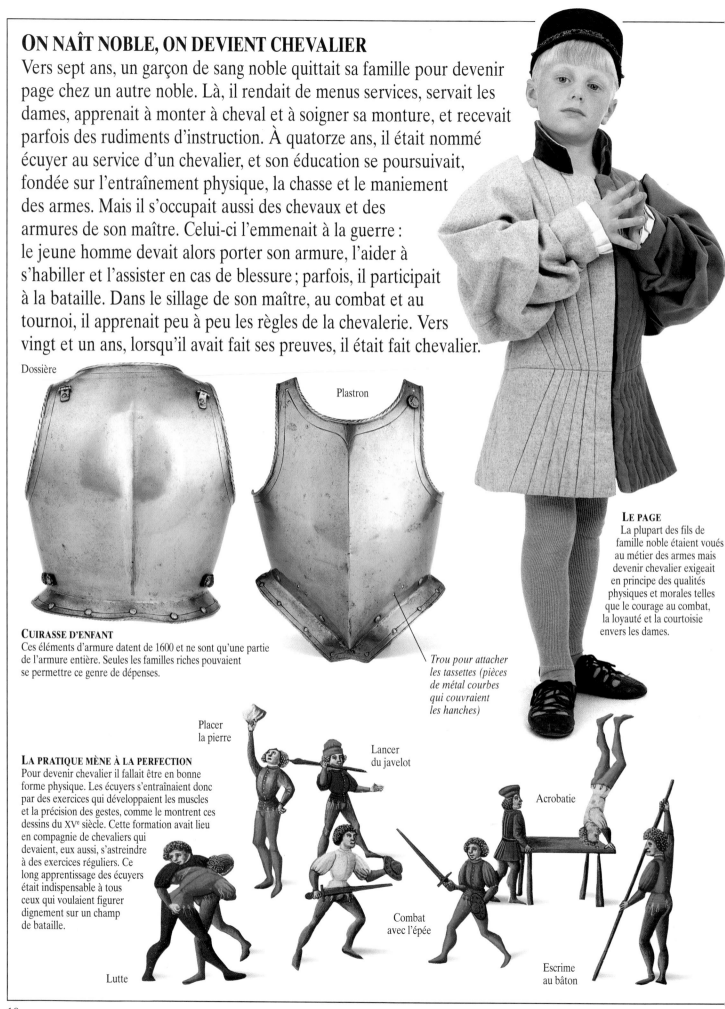

Dossière

Plastron

CUIRASSE D'ENFANT
Ces éléments d'armure datent de 1600 et ne sont qu'une partie
de l'armure entière. Seules les familles riches pouvaient
se permettre ce genre de dépenses.

*Trou pour attacher
les tassettes (pièces
de métal courbes
qui couvraient
les hanches)*

LE PAGE
La plupart des fils de
famille noble étaient voués
au métier des armes mais
devenir chevalier exigeait
en principe des qualités
physiques et morales telles
que le courage au combat,
la loyauté et la courtoisie
envers les dames.

Placer
la pierre

Lancer
du javelot

Acrobatie

LA PRATIQUE MÈNE À LA PERFECTION
Pour devenir chevalier il fallait être en bonne
forme physique. Les écuyers s'entraînaient donc
par des exercices qui développaient les muscles
et la précision des gestes, comme le montrent ces
dessins du XVᵉ siècle. Cette formation avait lieu
en compagnie de chevaliers qui
devaient, eux aussi, s'astreindre
à des exercices réguliers. Ce
long apprentissage des écuyers
était indispensable à tous
ceux qui voulaient figurer
dignement sur un champ
de bataille.

Combat
avec l'épée

Lutte

Escrime
au bâton

L'ÉCUYER

Littéralement le mot signifie « celui qui tient l'écu » mais le statut d'écuyer a subi une évolution au cours du Moyen Age. Au XIᵉ-XIIᵉ siècle c'est un serviteur d'origine modeste. Puis il fut peu à peu remplacé par de jeunes nobles qui accompagnaient les chevaliers à la guerre et portaient leur bouclier. L'écuyer fut aussi celui qui tenait le cheval de l'homme d'armes, toujours de la main droite, lorsque celui-ci ne le montait pas. A partir du XIIIᵉ siècle, devenir chevalier coûte si cher que certains cherchent à rester écuyers sans se faire adouber.

HÉROS DE CHAUCER

Geoffrey Chaucer écrivit ses Contes de Canterbury vers 1380. L'une des histoires est racontée par un écuyer, bon vivant de vingt ans. Il pouvait composer des chansons, danser, dessiner et écrire. Il savait monter à cheval et jouter. D'autres histoires montrent que certains écuyers se conduisaient comme des bandits.

QUE D'EFFORTS !

Les écuyers avaient le loisir de s'entraîner sur des pieux en bois. On leur donnait des armes deux fois plus lourdes que les armes de guerre, pour se faire les muscles et faciliter le maniement réel.

À TABLE

Chaucer décrit comment le futur chevalier découpait les viandes à la table de son père. Cette épreuve d'adresse et de savoir-vivre faisait partie de toute éducation soignée.

Chausses en cuir

L'ADOUBEMENT

L'écuyer devenait chevalier lors de l'adoubement. Ce rite consistait, à l'origine, en une simple tape sur la nuque, puis il devint une véritable cérémonie suivie de joutes et de réjouissances : le futur chevalier recevait sur l'épaule un coup du plat de l'épée, donné par son maître ou par le roi. Puis on lui remettait cérémonieusement ses éperons et son épée.

LE JEU DE LA QUINTAINE

La quintaine était un mannequin de paille ou de bois symbolisant l'adversaire. Après avoir frappé l'écu, le cavalier devait s'éloigner au plus vite pour ne pas recevoir le coup de masse que le mannequin donnait en pivotant.

DU FER DE PIED EN CAP

L'armure des premiers chevaliers consistait en un haubert de mailles, sorte de tunique faite d'une multitude de petits anneaux de fer. Sous cette protection, on portait un vêtement matelassé, le gambison, qui amortissait les coups. Au XIIe siècle, les hauberts couvrent bras et jambes mais, à partir du XIVe siècle, on y ajoute des plaques d'acier pour renforcer la protection du torse et des membres. Enfin, vers 1400, on enferme le corps dans une armure de plates, ou harnois, composée de pièces de métal articulées et rivetées sur un support de cuir. Une telle armure pesait entre 20 et 25 kg mais le poids était réparti sur l'ensemble du corps, ce qui permettait à un homme bien entraîné de courir, de se coucher et de monter à cheval sans aucune aide. Cependant, l'armure de plates n'était pas sans défaut : on y avait très chaud et, une fois le casque fixé, on ne pouvait plus tourner la tête.

QUE DE MAILLES !
Dans ce vêtement en mailles, chaque anneau est relié à quatre autres avant d'être refermé. Une cotte pesait de 10 à 14 kg, le poids étant principalement réparti sur les épaules. Comme la maille était flexible, elle n'empêchait pas qu'un coup vigoureux puisse casser des os.

L'INFINIE VARIÉTÉ DES CASQUES
Ce cavalier du XIVe siècle porte un casque à crête qui permettait qu'on le reconnaisse dans une bataille. Ce type de coiffure perdit son attrait au profit du bassinet et de sa visière.

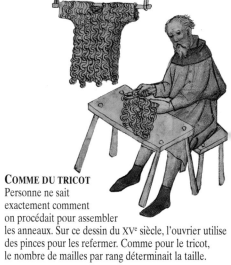

COMME DU TRICOT
Personne ne sait exactement comment on procédait pour assembler les anneaux. Sur ce dessin du XVe siècle, l'ouvrier utilise des pinces pour les refermer. Comme pour le tricot, le nombre de mailles par rang déterminait la taille.

BASSINET
Ce bassinet italien de la fin du XIVe siècle comportait à l'origine une visière qui se relevait au-dessus des yeux. Elle fut remplacée ultérieurement par une visière à charnière latérale. Ce type de casque est souvent nommé bassinet à « bec de moineau ».

Goupille permettant d'enlever la visière

Lien de fixation au col de mailles

Trous de ventilation

Col de mailles moderne

ÉLÉGANCE ITALIENNE
Cette paire de gantelets italiens de la fin du XIVe siècle était montée par des rivets sur des gants de cuir. Plus tard, on lui ajouta des protège-phalanges à chaque doigt. Sur la bande de cuivre qui borde chaque manchette on peut lire le mot « amour ».

SALADE
Les cavaliers rapides utilisaient
souvent ce genre de casque
nommé « salade » et retenu
par une jugulaire.

Salade
(Allemagne, 1480-1510)

*Visière avec
vue horizontale*

ÉVOLUTION DE L'ARMURE
A gauche, ce chevalier de 1340 porte
un gambison recouvert d'une cotte
de mailles, elle-même recouverte
de quelques plaques d'acier de même
que sur les jambes. A droite, un chevalier
de 1410 portant une armure
de plates complète.

*Décor cannelé
dit « gothique »*

BARBUTE
Ce casque italien de 1445 ressemble à un ancien
casque grec. Les rivets en forme de rose,
situés au-dessus des yeux, servaient à fixer
une doublure intérieure. Ceux du bas tenaient
la jugulaire en cuir qui empêchait qu'un coup
ne fît tomber le casque.

*Garde
en pointe*

*Plate
centrale*

*Plates
articulées*

*Plate adaptée
aux crêtes
palmaires*

DÉSARÇONNÉ !
Les chevaliers devaient se protéger des violents coups de lance
ou de masse d'armes. Sur ce dessin du début du XIIIe siècle
on voit le large bouclier qu'ils utilisaient. Vers 1400, l'efficacité
des armures permit de réduire la taille des boucliers.

DU TISSU PAR-DESSUS LA MAILLE
Ce chevalier de 1250 porte une cotte
d'armes par-dessus son haubert de mailles. Souvent
ornées d'armoiries, les cottes d'armes permettaient
de distinguer l'ami de l'ennemi sous le casque.

GANTELET
Ce gantelet se termine sur l'avant-bras en une
pointe garnie de cannelures suivant la mode
des armures allemandes à la fin du XVe siècle.
L'intérieur est garni d'un gant de cuir
sur lequel on rivetait de fines plaques pour
les doigts. Ce genre de protection était
beaucoup plus efficace que les mailles.

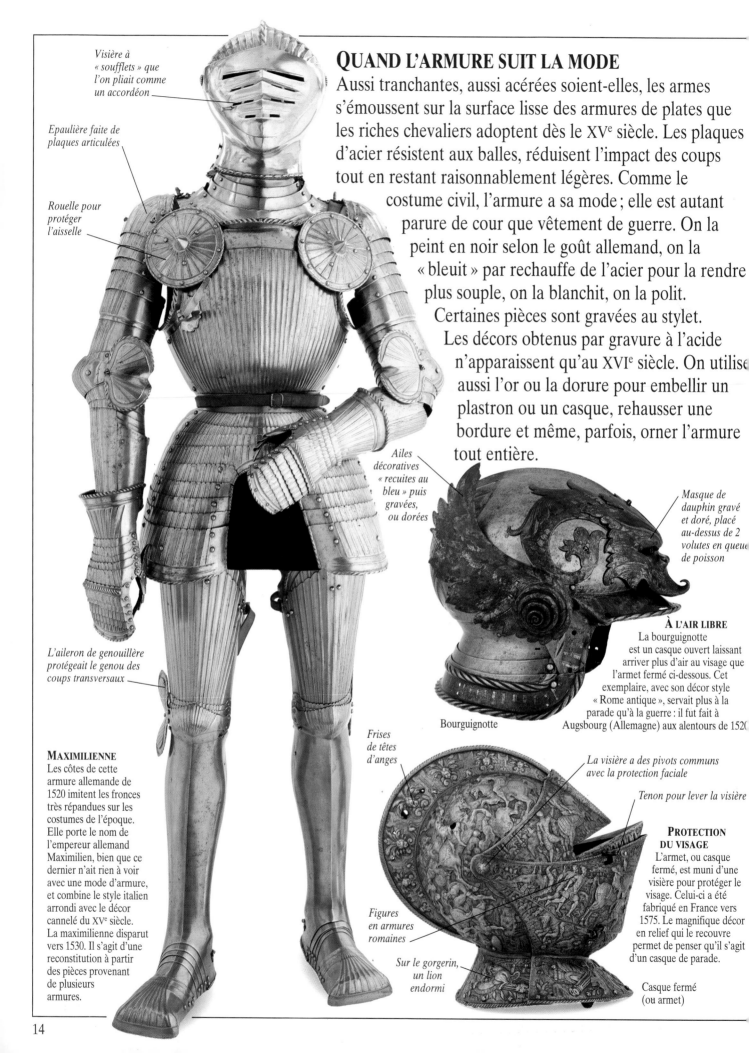

Visière à
« soufflets » que
l'on pliait comme
un accordéon

Epaulière faite de
plaques articulées

Rouelle pour
protéger
l'aisselle

QUAND L'ARMURE SUIT LA MODE

Aussi tranchantes, aussi acérées soient-elles, les armes s'émoussent sur la surface lisse des armures de plates que les riches chevaliers adoptent dès le XVᵉ siècle. Les plaques d'acier résistent aux balles, réduisent l'impact des coups tout en restant raisonnablement légères. Comme le costume civil, l'armure a sa mode ; elle est autant parure de cour que vêtement de guerre. On la peint en noir selon le goût allemand, on la « bleuit » par rechauffe de l'acier pour la rendre plus souple, on la blanchit, on la polit. Certaines pièces sont gravées au stylet. Les décors obtenus par gravure à l'acide n'apparaissent qu'au XVIᵉ siècle. On utilise aussi l'or ou la dorure pour embellir un plastron ou un casque, rehausser une bordure et même, parfois, orner l'armure tout entière.

Ailes
décoratives
« recuites au
bleu » puis
gravées,
ou dorées

Masque de
dauphin gravé
et doré, placé
au-dessus de 2
volutes en queue
de poisson

À L'AIR LIBRE
La bourguignotte
est un casque ouvert laissant
arriver plus d'air au visage que
l'armet fermé ci-dessous. Cet
exemplaire, avec son décor style
« Rome antique », servait plus à la
parade qu'à la guerre : il fut fait à
Augsbourg (Allemagne) aux alentours de 1520

Bourguignotte

L'aileron de genouillère
protégeait le genou des
coups transversaux

MAXIMILIENNE
Les côtes de cette
armure allemande de
1520 imitent les fronces
très répandues sur les
costumes de l'époque.
Elle porte le nom de
l'empereur allemand
Maximilien, bien que ce
dernier n'ait rien à voir
avec une mode d'armure,
et combine le style italien
arrondi avec le décor
cannelé du XVᵉ siècle.
La maximilienne disparut
vers 1530. Il s'agit d'une
reconstitution à partir
des pièces provenant
de plusieurs
armures.

Frises
de têtes
d'anges

La visière a des pivots communs
avec la protection faciale

Tenon pour lever la visière

PROTECTION
DU VISAGE
L'armet, ou casque
fermé, est muni d'une
visière pour protéger le
visage. Celui-ci a été
fabriqué en France vers
1575. Le magnifique décor
en relief qui le recouvre
permet de penser qu'il s'agit
d'un casque de parade.

Casque fermé
(ou armet)

Figures
en armures
romaines

Sur le gorgerin,
un lion
endormi

Gorgerin attaché à la mentonnière pour protéger le cou

Les plaques étroites de cette ventaille peuvent se glisser les unes sur les autres pour donner plus d'air au visage.

…paulière constituée de …usieurs bandes de métal …liées par des lanières de cuir

…rrêt de lance qui …ortait une partie …t poids de la lance …l'empêchait …e rentrer dans …aisselle …u moment …e l'impact.

Les petites plaques du gantelet sont tapissées intérieurement de cuir et laissent une totale liberté à la main.

…A DERNIÈRE MODE
…ette armure réalisée pour …rd Buckhurst, en 1587, …rovient des ateliers de …reenwich fondés par …enri VIII, roi d'Angleterre. …uivant la mode vestimentaire …u temps, le plastron …allonge en pointe sur …abdomen. Les tassettes …ont très évasées pour …orter les volumineux …auts-de-chausses alors …n vogue. Le casque est …uni d'une protection …ciale à triple volet …u ventaille.

Les solerets flexibles ne recouvrent pas la semelle afin que le pied ne glisse pas sur l'étrier.

La genouillère est formée de plaques qui se chevauchent, permettant de plier le genou sans le découvrir.

Plastron de renfort mobile pour augmenter la protection contre les armes à feu

ENTRÉE TRIOMPHALE
Cette peinture de Louis XII sur son cheval en tenue de parade date de 1510. Suivant la mode d'alors il porte un vêtement par-dessus son armure, et son casque est surmonté d'un cimier d'apparat.

DESSIN DE MAÎTRE
Jacob Halder, maître armurier à Greenwich près de Londres, exécutait des dessins d'armures, de pièces pouvant se monter en armure de guerre ou de joute pour ses clients potentiels. Celle-ci était destinée à sir Henri Lee, maître des armures à la Tour de Londres de 1578 à 1610.

À LA PARADE
Trois chevaliers tiennent d'immenses bannières de parade représentant la Styrie, l'Autriche et la Vieille Autriche. Leurs chevaux portent des armures plates ; celle du milieu comporte des pièces de renfort pour protéger les avant-bras.

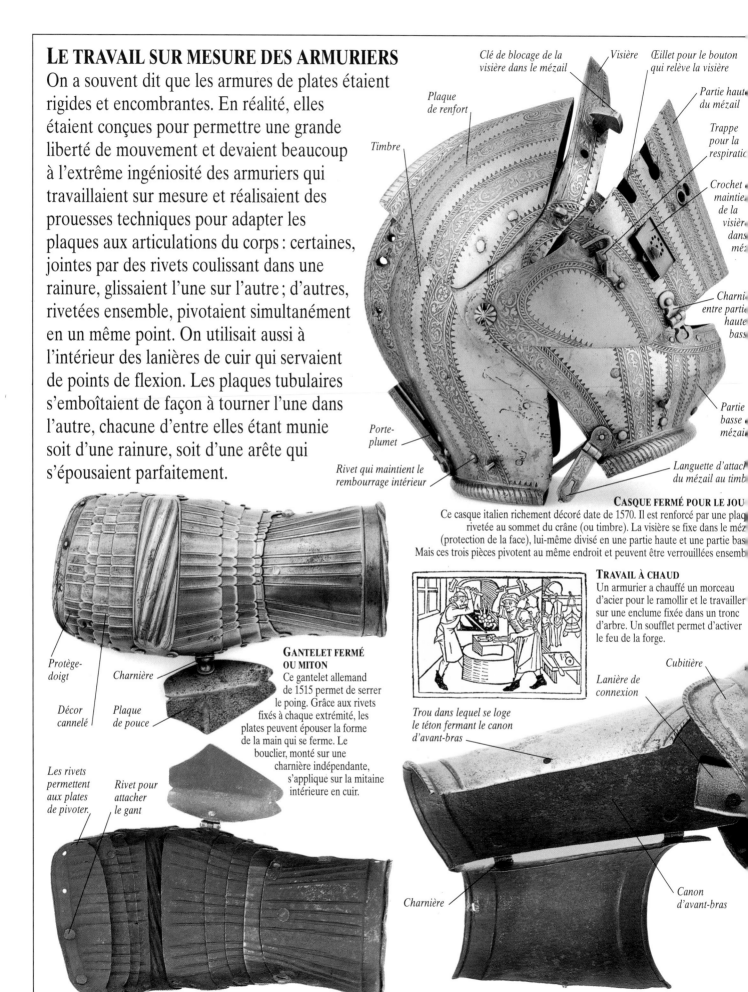

LE TRAVAIL SUR MESURE DES ARMURIERS

On a souvent dit que les armures de plates étaient rigides et encombrantes. En réalité, elles étaient conçues pour permettre une grande liberté de mouvement et devaient beaucoup à l'extrême ingéniosité des armuriers qui travaillaient sur mesure et réalisaient des prouesses techniques pour adapter les plaques aux articulations du corps : certaines, jointes par des rivets coulissant dans une rainure, glissaient l'une sur l'autre ; d'autres, rivetées ensemble, pivotaient simultanément en un même point. On utilisait aussi à l'intérieur des lanières de cuir qui servaient de points de flexion. Les plaques tubulaires s'emboîtaient de façon à tourner l'une dans l'autre, chacune d'entre elles étant munie soit d'une rainure, soit d'une arête qui s'épousaient parfaitement.

Clé de blocage de la visière dans le mézail

Visière

Œillet pour le bouton qui relève la visière

Plaque de renfort

Partie haute du mézail

Timbre

Trappe pour la respiration

Crochet maintien de la visière dans le mézail

Charnière entre partie haute basse

Porte-plumet

Partie basse mézail

Rivet qui maintient le rembourrage intérieur

Languette d'attache du mézail au timbre

CASQUE FERMÉ POUR LE JOUTE

Ce casque italien richement décoré date de 1570. Il est renforcé par une plaque rivetée au sommet du crâne (ou timbre). La visière se fixe dans le mézail (protection de la face), lui-même divisé en une partie haute et une partie basse. Mais ces trois pièces pivotent au même endroit et peuvent être verrouillées ensemble.

Protège-doigt

Charnière

Décor cannelé

Plaque de pouce

GANTELET FERMÉ OU MITON

Ce gantelet allemand de 1515 permet de serrer le poing. Grâce aux rivets fixés à chaque extrémité, les plates peuvent épouser la forme de la main qui se ferme. Le bouclier, monté sur une charnière indépendante, s'applique sur la mitaine intérieure en cuir.

TRAVAIL À CHAUD

Un armurier a chauffé un morceau d'acier pour le ramollir et le travailler sur une enclume fixée dans un tronc d'arbre. Un soufflet permet d'activer le feu de la forge.

Trou dans lequel se loge le téton fermant le canon d'avant-bras

Cubitière

Lanière de connexion

Les rivets permettent aux plates de pivoter.

Rivet pour attacher le gant

Charnière

Canon d'avant-bras

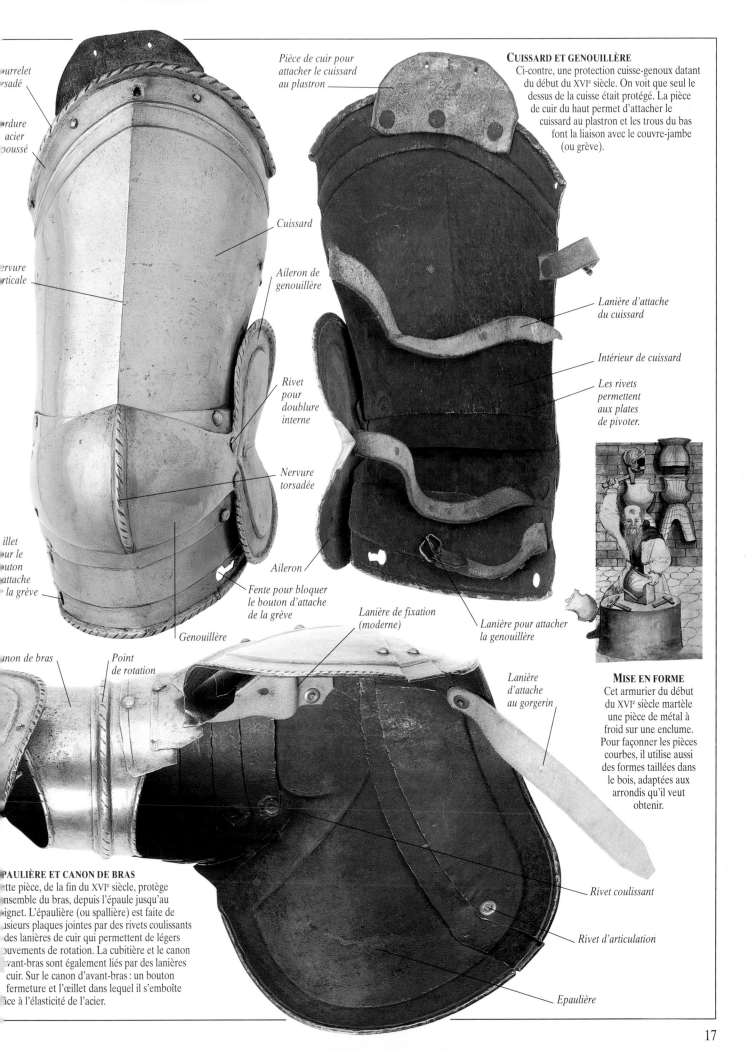

urrelet
sadé

rdure
acier
ooussé

rvure
rticale

illet
ur le
outon
attache
la grève

Pièce de cuir pour
attacher le cuissard
au plastron

Cuissard

Aileron de
genouillère

Rivet
pour
doublure
interne

Nervure
torsadée

Aileron

Fente pour bloquer
le bouton d'attache
de la grève

Genouillère

CUISSARD ET GENOUILLÈRE
Ci-contre, une protection cuisse-genoux datant
du début du XVIᵉ siècle. On voit que seul le
dessus de la cuisse était protégé. La pièce
de cuir du haut permet d'attacher le
cuissard au plastron et les trous du bas
font la liaison avec le couvre-jambe
(ou grève).

Lanière d'attache
du cuissard

Intérieur de cuissard

Les rivets
permettent
aux plates
de pivoter.

Lanière de fixation
(moderne)

Lanière pour attacher
la genouillère

MISE EN FORME
Cet armurier du début
du XVIᵉ siècle martèle
une pièce de métal à
froid sur une enclume.
Pour façonner les pièces
courbes, il utilise aussi
des formes taillées dans
le bois, adaptées aux
arrondis qu'il veut
obtenir.

anon de bras

Point
de rotation

Lanière
d'attache
au gorgerin

PAULIÈRE ET CANON DE BRAS
tte pièce, de la fin du XVIᵉ siècle, protège
nsemble du bras, depuis l'épaule jusqu'au
ignet. L'épaulière (ou spallière) est faite de
sieurs plaques jointes par des rivets coulissants
des lanières de cuir qui permettent de légers
ouvements de rotation. La cubitière et le canon
vant-bras sont également liés par des lanières
cuir. Sur le canon d'avant-bras : un bouton
fermeture et l'œillet dans lequel il s'emboîte
âce à l'élasticité de l'acier.

Rivet coulissant

Rivet d'articulation

Epaulière

QUAND LES CHEVALIERS PRENNENT LES ARMES

L'épée est, au Moyen Âge, le symbole même de la chevalerie. Jusqu'au XIIIᵉ siècle, c'est surtout une arme de taille (pour trancher), à double tranchant, mais, au siècle suivant, lorsque se généralise le port de l'armure de plates, on s'ingénie à faire de l'épée une arme d'estoc dont la pointe acérée est capable de percer les jointures des armures. À la même époque, la masse d'armes connaît un regain de faveur car elle provoque des chocs redoutables, même à travers la cuirasse ! Cependant, la lance ne cesse de croître en longueur et c'est vers 1300 qu'elle se dote d'une garde circulaire pour protéger la main. La hache à manche court peut également être utilisée à cheval, tandis que les pics, épieux et hallebardes sont réservés aux fantassins qui les manient à deux mains.

SUR LE PIED DE GUERRE
Ce gisant du XIIIᵉ siècle tient son épée dégainée dont la lame à double tranchant pouvait entailler une cotte de mailles et porter des coups mortels.

LE MANIEMENT DE LA LANCE
Sur ce manuscrit du XIVᵉ siècle, les chevaliers se préparent au combat : leur lance est encore verticale, ils l'abaisseront à l'horizontale en prenant le galop de charge.

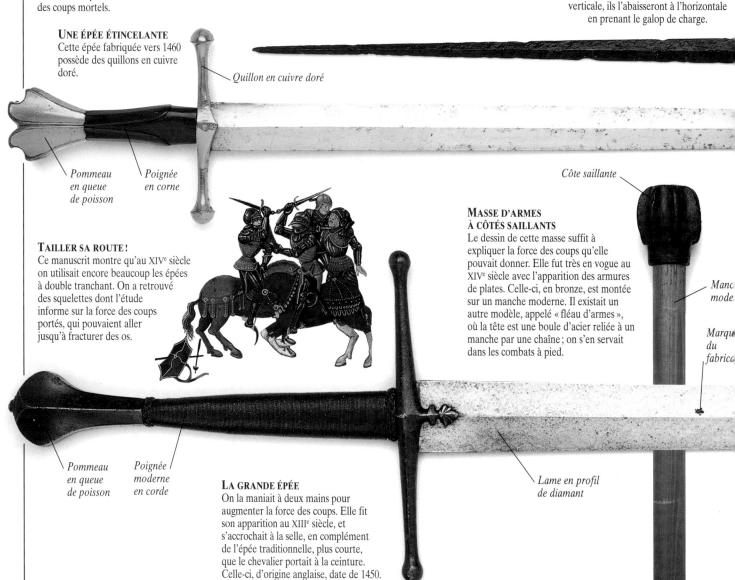

UNE ÉPÉE ÉTINCELANTE
Cette épée fabriquée vers 1460 possède des quillons en cuivre doré.

Quillon en cuivre doré

Pommeau en queue de poisson

Poignée en corne

Côte saillante

MASSE D'ARMES À CÔTÉS SAILLANTS
Le dessin de cette masse suffit à expliquer la force des coups qu'elle pouvait donner. Elle fut très en vogue au XIVᵉ siècle avec l'apparition des armures de plates. Celle-ci, en bronze, est montée sur un manche moderne. Il existait un autre modèle, appelé « fléau d'armes », où la tête est une boule d'acier reliée à un manche par une chaîne ; on s'en servait dans les combats à pied.

Manche moderne

Marque du fabricant

TAILLER SA ROUTE !
Ce manuscrit montre qu'au XIVᵉ siècle on utilisait encore beaucoup les épées à double tranchant. On a retrouvé des squelettes dont l'étude informe sur la force des coups portés, qui pouvaient aller jusqu'à fracturer des os.

Pommeau en queue de poisson

Poignée moderne en corde

LA GRANDE ÉPÉE
On la maniait à deux mains pour augmenter la force des coups. Elle fit son apparition au XIIIᵉ siècle, et s'accrochait à la selle, en complément de l'épée traditionnelle, plus courte, que le chevalier portait à la ceinture. Celle-ci, d'origine anglaise, date de 1450.

Lame en profil de diamant

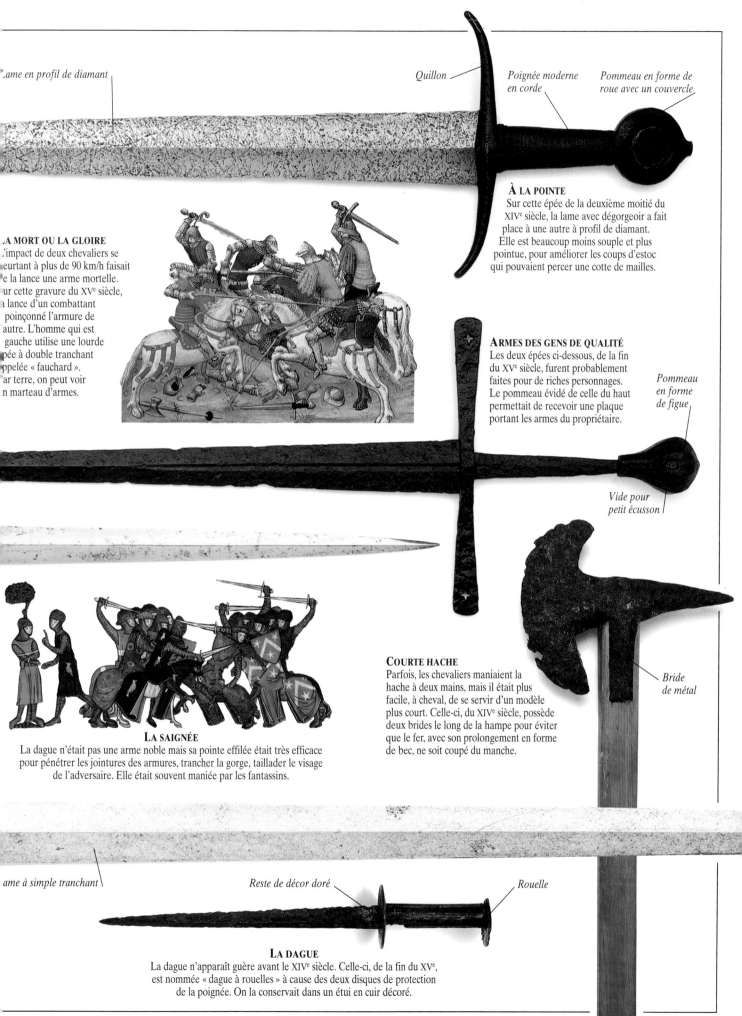

Lame en profil de diamant

Quillon *Poignée moderne en corde* *Pommeau en forme de roue avec un couvercle*

À LA POINTE
Sur cette épée de la deuxième moitié du XIVᵉ siècle, la lame avec dégorgeoir a fait place à une autre à profil de diamant. Elle est beaucoup moins souple et plus pointue, pour améliorer les coups d'estoc qui pouvaient percer une cotte de mailles.

LA MORT OU LA GLOIRE
L'impact de deux chevaliers se heurtant à plus de 90 km/h faisait de la lance une arme mortelle. Sur cette gravure du XVᵉ siècle, la lance d'un combattant a poinçonné l'armure de l'autre. L'homme qui est à gauche utilise une lourde épée à double tranchant appelée « fauchard ». Par terre, on peut voir un marteau d'armes.

ARMES DES GENS DE QUALITÉ
Les deux épées ci-dessous, de la fin du XVᵉ siècle, furent probablement faites pour de riches personnages. Le pommeau évidé de celle du haut permettait de recevoir une plaque portant les armes du propriétaire.

Pommeau en forme de figue

Vide pour petit écusson

COURTE HACHE
Parfois, les chevaliers maniaient la hache à deux mains, mais il était plus facile, à cheval, de se servir d'un modèle plus court. Celle-ci, du XIVᵉ siècle, possède deux brides le long de la hampe pour éviter que le fer, avec son prolongement en forme de bec, ne soit coupé du manche.

Bride de métal

LA SAIGNÉE
La dague n'était pas une arme noble mais sa pointe effilée était très efficace pour pénétrer les jointures des armures, trancher la gorge, taillader le visage de l'adversaire. Elle était souvent maniée par les fantassins.

Lame à simple tranchant

Reste de décor doré *Rouelle*

LA DAGUE
La dague n'apparaît guère avant le XIVᵉ siècle. Celle-ci, de la fin du XVᵉ, est nommée « dague à rouelles » à cause des deux disques de protection de la poignée. On la conservait dans un étui en cuir décoré.

LES CHEVAUX AUSSI S'HABILLENT DE FER

Point de chevalier sans cheval ! La guerre, la chasse, le tournoi, les voyages… Tous les aspects de la vie noble sont liés à l'équitation. Compagnon indispensable du combat, le destrier, ou cheval de guerre, est aussi la partie la plus coûteuse de l'équipement militaire du chevalier. C'est un étalon de bonne hauteur et de large poitrail qui doit être alerte, robuste et de bonne assise. Les plus renommés venaient d'Italie, de France et d'Espagne. À partir du XIIIᵉ siècle, l'usage du cheval se généralise et il n'est pas rare de voir un chevalier posséder deux destriers sans compter d'autres chevaux pour les tâches annexes. Pour la chasse, on préférait un coursier, animal souple, endurant et rapide. Pour les voyages, un palefroi de bonne race faisait l'affaire. Enfin, les bagages, fixés sur des « sommiers », étaient transportés par des animaux très robustes, les chevaux de somme.

PARURE DE ROI
Cette miniature du début du XIVᵉ siècle représente le roi d'Angleterre. Le vêtement de la monture, ou caparaçon, pouvait être rembourré et servir de protection. Certains étaient en mailles. Le chanfrein, qui protège la tête du cheval, est surmonté d'un cimier.

PARURE DE DESTRIER
Le destrier pouvait porter une armure sur la tête, la nuque et le poitrail, ici richement décoré. Le harnachement du cheval a subi une constante évolution : sur cette miniature du XVᵉ siècle, on observe un double jeu de rênes et des étriers très bas, pour une meilleure assise lors de la charge.

Décor gravé et doré

Plaque de métal articulée

Œil pour faire passer les étrivières

Sole

L'AIGUILLON
Le cavalier aiguillonnait son cheval avec la pointe émoussée des éperons pour ne pas le blesser. Ici, un éperon à aiguillon du XIIᵉ ou XIIIᵉ siècle que l'on fixait au pied par des lanières de cuir rivetées aux extrémités de chaque branche.

Aiguillon

Molette

ÉPERON À MOLETTE
C'est au début du XIVᵉ siècle que la molette tournante remplace l'aiguillon sur l'éperon. Le modèle ci-contre, en cuivre doré, date du XVᵉ siècle.

BONNE ASSISE
Cet étrier en acier, datant du XIVᵉ siècle, pendait bas pour que le cavalier eût la jambe bien tendue. Ceci, conjugué avec un selle au troussequin et au pommeau rehaussés, donnait une bonne assise pour combattre.

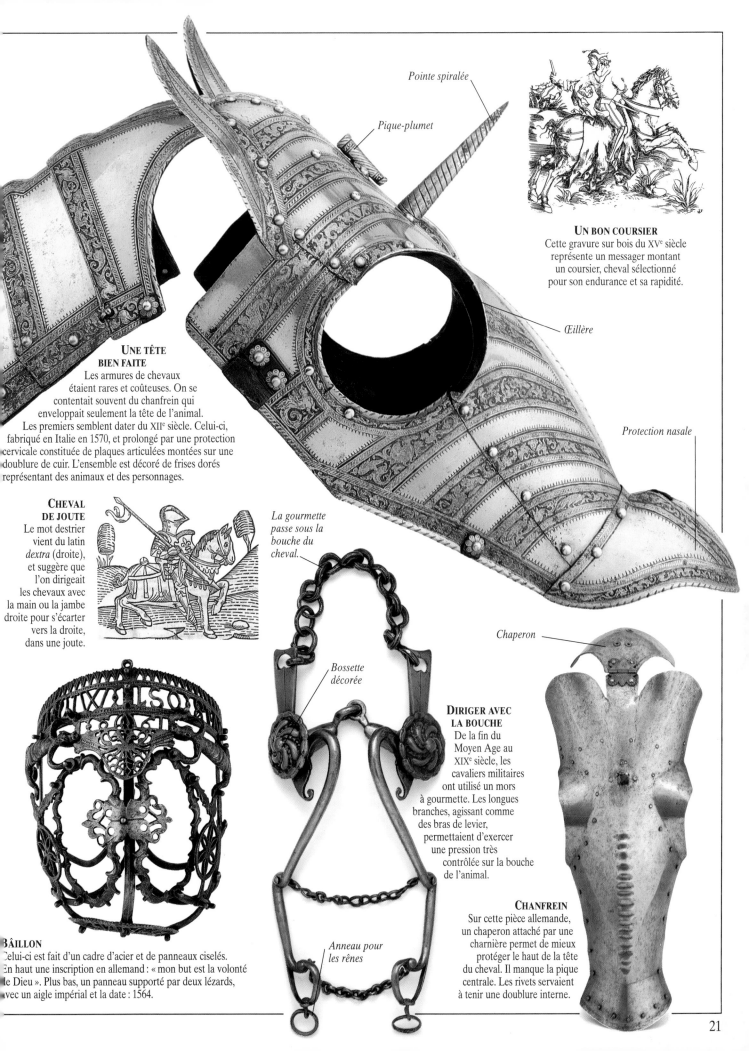

Pointe spiralée

Pique-plumet

UN BON COURSIER
Cette gravure sur bois du XVe siècle
représente un messager montant
un coursier, cheval sélectionné
pour son endurance et sa rapidité.

Œillère

**UNE TÊTE
BIEN FAITE**
Les armures de chevaux
étaient rares et coûteuses. On se
contentait souvent du chanfrein qui
enveloppait seulement la tête de l'animal.
Les premiers semblent dater du XIIe siècle. Celui-ci,
fabriqué en Italie en 1570, et prolongé par une protection
cervicale constituée de plaques articulées montées sur une
doublure de cuir. L'ensemble est décoré de frises dorés
représentant des animaux et des personnages.

Protection nasale

**CHEVAL
DE JOUTE**
Le mot destrier
vient du latin
dextra (droite),
et suggère que
l'on dirigeait
les chevaux avec
la main ou la jambe
droite pour s'écarter
vers la droite,
dans une joute.

*La gourmette
passe sous la
bouche du
cheval.*

*Bossette
décorée*

Chaperon

**DIRIGER AVEC
LA BOUCHE**
De la fin du
Moyen Age au
XIXe siècle, les
cavaliers militaires
ont utilisé un mors
à gourmette. Les longues
branches, agissant comme
des bras de levier,
permettaient d'exercer
une pression très
contrôlée sur la bouche
de l'animal.

BÂILLON
Celui-ci est fait d'un cadre d'acier et de panneaux ciselés.
En haut une inscription en allemand : « mon but est la volonté
de Dieu ». Plus bas, un panneau supporté par deux lézards,
avec un aigle impérial et la date : 1564.

*Anneau pour
les rênes*

CHANFREIN
Sur cette pièce allemande,
un chaperon attaché par une
charnière permet de mieux
protéger le haut de la tête
du cheval. Il manque la pique
centrale. Les rivets servaient
à tenir une doublure interne.

UN CHÂTEAU À L'ABRI DES DANGERS

Le château était à la fois la résidence d'un seigneur ou d'un comte, le cœur d'un domaine foncier et le logement d'une garnison de soldats. Nés de l'insécurité causée par les invasions vikings, les premiers châteaux forts apparaissent au IXe siècle dans l'ouest de la France. La plupart étaient en bois, entourés de palissades et de levées de terre. Puis ce furent des forteresses de pierre, plus solides et résistant mieux aux incendies. En même temps, on essayait d'apporter quelque confort aux aménagements intérieurs. Au XVe siècle, avec l'apparition de l'artillerie, le château perd sa vocation militaire pour devenir résidence d'agrément. Il restera longtemps un symbole de pouvoir sur la campagne alentour, mais c'est désormais le roi qui prend en charge la défense du pays.

FENTE ÉTROITE
Les fenêtres construites près du sol étaient petites pour éviter les intrusions ou les projectiles ennemis. Néanmoins, elles s'évasaient vers l'intérieur pour laisser entrer le plus de lumière possible.

LA PLACE ET LA COUR
Les châteaux du Xe au XIIe siècle étaient construits sur une motte : butte naturelle ou artificielle, élevée avec la terre prélevée dans les fossés. Au centre se dressait la tour de bois entourée d'une palissade. La basse-cour abritait les réserves et les habitations.

SOLIDE COMME LA PIERRE
L'emploi de la pierre se généralise au XIe siècle, d'abord pour les enceintes puis pour le donjon lui-même. Typiques de cette époque, les grands donjons carrés étaient assez vastes pour abriter la maisonnée du seigneur et la garnison. Les premières tours rondes datent du XIIe siècle.

LES HOMMES AU TRAVAIL
Construire un château demandait des années et coûtait une fortune. Après avoir choisi l'emplacement idéal et fait les plans avec un architecte, le seigneur se chargeait d'acheminer les divers matériaux (pierre, chaux, eau, sable, bois). Il fournissait la main-d'œuvre nécessaire en embauchant des ouvriers qualifiés et en exigeant l'aide de ses paysans.

DÉFENSES CONCENTRIQUES
A partir du XIIIe siècle, on construisit parfois des châteaux avec deux lignes de défense sur deux enceintes concentriques. Le rempart intérieur, plus élevé, donnait aux archers un meilleur champ de tir. On ajouta une enceinte aux châteaux plus anciens. On sut également utiliser les rivières pour créer des zones de défense.

L'ENTRÉE
L'ouvrage d'entrée était un important point de défense généralement encadré par deux fortes tours comme ici au château de Douvres (XIIe siècle). La base des murs est talutée (évasée) pour empêcher tout travail de sape lors d'un siège.

CHÂTEAU BRANLANT
Construire un donjon de pierre à la place d'une tour en bois n'était pas sans risque, car la motte artificielle pouvait s'affaisser, provoquant des fissures dans les nouveaux murs de pierre, comme ce fut le cas au château de Clifford (Angleterre).

Hourd en bois pour surveiller
la base des murs

Escalier
en colimaçon

Chapelle

TÉRIEUR DU DONJON

donjon de Rochester
it assez grand pour loger
seigneur et sa suite.
sous-sol servait de
gasin, le premier
ge abritait la
nison. Au-dessus,
grande salle commune
se prenaient les repas ;
fin, au dernier étage se
uvaient les chambres
seigneur et des
mbres de sa famille.

Appartements
seigneuriaux

Grande salle

Corps
de garde

Magasins

UN SITE BIEN CHOISI
Cette vue du donjon
de Rochester, en
Angleterre, montre
nettement sa position
surélevée ainsi que
le système de
défense extérieur.
Il fut achevé
au XIIᵉ siècle
par Henri II
Plantagenêt.

NE GRANDE TOUR

donjon, dernier
ranchement du château,
it une construction
mposantes dimensions.
lui de Rochester fut
mmencé en 1087 ; ses
urs ont 3,7 m d'épaisseur
a base et il est haut
21 m. L'entrée se situe
premier étage, dans
e avancée du bâtiment
ur mieux la défendre.
sous-sol un puits fournit
au en cas de siège.

Créneau

Tourelle d'angle

Contrefort
pour renforcer
le mur

Fenêtre
supérieure

Merlon

pelle

trée

Etroite
fenêtre
ou
archère

Fosse
e pont-
levis

23

LE CHÂTEAU ENTRE EN GUERRE

Les défenses des châteaux devinrent de plus en plus ingénieuses. L'assaillant devait d'abord franchir les fossés, parfois hérissés de piquets qui ralentissaient sa marche et en faisaient une cible facile pour les archers postés sur les murailles. Les douves, ou fossés remplis d'eau, étaient assez rares mais constituaient un réel obstacle et empêchaient tout travail de sape à la base des murs.

Les tours en saillie, sur la courtine, offraient aux défenseurs d'excellents champs de tir, sans angles morts ni recoins pour abriter l'ennemi. Les assiégés disposaient également de petites portes dérobées favorisant des sorties furtives ou des attaques-surprises.

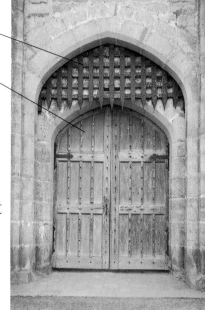

Herse en bois recouverte de métal

Les portes en bois sont fermées de l'intérieur par des barres de fer.

L'ENTRÉE
C'était un point réputé vulnérable dont on soignait la défense. Elle était souvent gardée par un pont-levis que l'on remontait en cas d'attaque et, plus rarement, par une lourde grille de fer (ou herse) qui formait une barrière infranchissable.

PLAFOND VOÛTÉ
On a aménagé des trous dans le plafond voûté de l'entrée du château. Ceci permettait soit de verser de l'eau pour éteindre les incendies allumés par l'ennemi, soit de lui jeter des pierres, ou encore de l'eau bouillante sur la tête.

Les hautes tourelles (ou guettes) permettaient de voir l'ennemi de loin.

Créneau (partie creuse) permettant au défenseur de tirer

Merlon (partie pleine) pour se mettre à l'abri des projectiles

Tour d'angle arrondie. L'absence d'angles rendait plus difficile l'utilisation des béliers.

Mâchicoulis de la tour d'entrée

Créneau sur la courtine

Douves

FRANCHIR LE MUR
Cette peinture du XIVᵉ siècle illustre la prise d'un château par Godefroi de Bouillon au XIᵉ siècle. Ses soldats tentent d'escalader les murs avec des échelles d'assaut que les assiégés essaient de repousser.

EMBRASURE
Une embrasure est une sorte d'alcôve percée dans l'épaisseur du mur, avec une petite ouverture sur l'extérieur, appelée meurtrière. Celle-ci permettait aux archers ou aux arbalétriers de tirer sans être eux-mêmes à découvert. Sur la photo ci-contre, le bas de la meurtrière a été arrondi pour que l'on puisse utiliser des armes à feu.

TOURS DE FLANQUEMENT
Sur cette photo prise en contre-plongée, on distingue, au sommet du mur, des mâchicoulis : ce sont des ouvertures aménagées en surplomb qui permettent un tir plongeant sur l'ennemi. Toutes sortes de projectiles faisaient l'affaire : eau bouillante, sable brûlant, mais aussi de l'eau froide pour éteindre les débuts d'incendie.

Console en pierre supportant le mâchicoulis

PENDANT LE SIÈGE
Les attaquants et les assiégés de ce château utilisent des machines de jet pour s'envoyer des projectiles.

UN SEIGNEUR BIEN DÉFENDU
Le château de Bodiam, dans le Sussex, fut construit en 1385 par sir Edward Dalyngrigge pour se défendre d'une éventuelle invasion française. Il n'a qu'un seul mur d'enceinte avec des tours rondes aux coins et de larges douves. L'absence de portes de communication entre les appartements du seigneur et les quartiers des soldats est censée éviter toute traîtrise de l'intérieur.

Tourelle de guet (ou guette)

Fenêtre ébrasée laissant entrer la lumière tout en protégeant des projectiles

LES ASSAILLANTS MÈNENT LE SIÈGE

Avant d'attaquer un château, l'assaillant proposait aux occupants de se rendre. En cas de refus, les hostilités commençaient. La manière la plus simple de mener un siège était d'attendre que les assiégés aient épuisé les réserves de nourriture, en isolant complètement la forteresse du monde extérieur. La seconde méthode consistait à pénétrer de force dans la place. Soit en passant sous les murs : c'était là le travail des mineurs qui creusaient des galeries et sapaient les fondations ; soit en passant par-dessus les murs : avec des échelles d'assaut ou des tours de siège à pont basculant ; soit encore en faisant tomber les murs à l'aide de puissants béliers ou de machines de siège telles que le mangonneau, ancêtre du canon, qui tirait d'énormes boulets de pierre.

Bras du contrepoids

Fronde

Poids

Poche de la fronde

Corde pour réarmer le bras

Corde de tirage

LE TRÉBUCHET

Son introduction en Europe date du XIIe siècle. Il fonctionne sur le principe du contrepoids. Le cœur de la machine est un levier en bois : à l'extrémité on fixe un lourd poids, à l'autre une fronde contenant le projectile. Lorsque le poids s'abaisse, le bras de levier se redresse et la fronde libère le projectile avec force. Le bras pouvait atteindre 18 m de long et envoyer jusqu'à 300 m des boulets de 50 à 90 kg.

À LA FORCE DES BRAS

Il s'agit là d'un trébuchet à traction et non à contrepoids. La force motrice vient d'une équipe d'hommes qui tirent sur des cordes pour donner de la vitesse à la poche contenant le projectile et l'expédier dans les airs. C'était une machine de siège plus petite, que l'on rechargeait plus facilement et que l'on pouvait déplacer sur le champ de bataille, mais qui ne supportait que de faibles charges.

L'ASSAUT

Les assiégeants attaquaient le château avec des échelles, tandis que des arbalétriers et des artilleurs couvrent l'assaut. Les attaquants utilisent aussi des canons pour faire des brèches dans les murs. A partir du XVe siècle, le canon devient d'usage courant mais il sert surtout à effrayer !

L'ANCIEN ET LE NOUVEAU

Sur ce dessin, du XVe siècle, un trébuchet trône à côté d'un artilleur et de son petit canon.

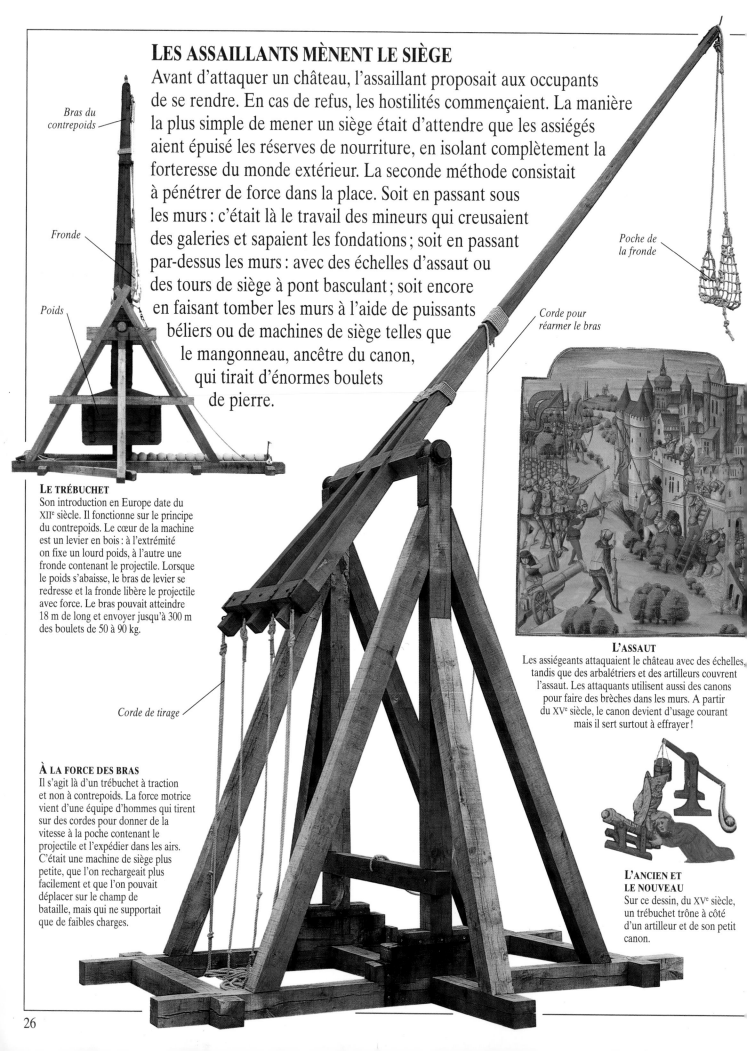

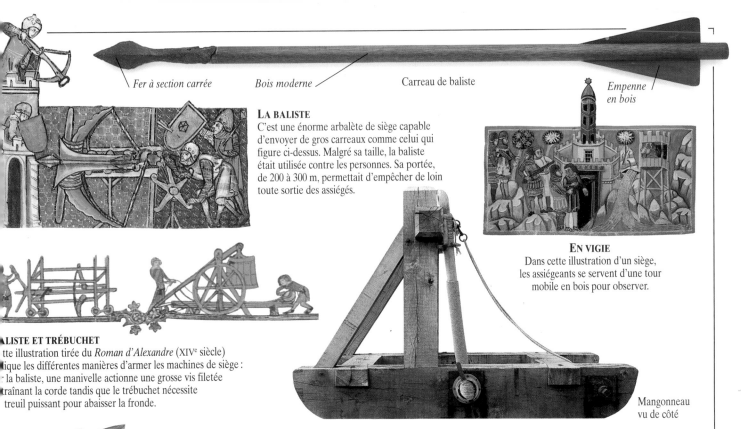

Fer à section carrée — *Bois moderne* — Carreau de baliste

Empenne en bois

LA BALISTE

C'est une énorme arbalète de siège capable d'envoyer de gros carreaux comme celui qui figure ci-dessus. Malgré sa taille, la baliste était utilisée contre les personnes. Sa portée, de 200 à 300 m, permettait d'empêcher de loin toute sortie des assiégés.

EN VIGIE
Dans cette illustration d'un siège, les assiégeants se servent d'une tour mobile en bois pour observer.

ALISTE ET TRÉBUCHET
tte illustration tirée du *Roman d'Alexandre* (XIVe siècle)
ique les différentes manières d'armer les machines de siège :
la baliste, une manivelle actionne une grosse vis filetée
raînant la corde tandis que le trébuchet nécessite
treuil puissant pour abaisser la fronde.

Mangonneau vu de côté

EN THÉORIE
Ceci est le dessin d'un pont en bois recouvert d'un toit pour que l'on puisse traverser en toute sécurité un fossé. Il est tiré d'un manuscrit contenant les inventions militaires qui n'ont probablement jamais été utilisées.

Cuillère en bois pour projectile

Bras de lancement

Corde pour armer le bras

Echeveau de cordes tressées faisant ressort

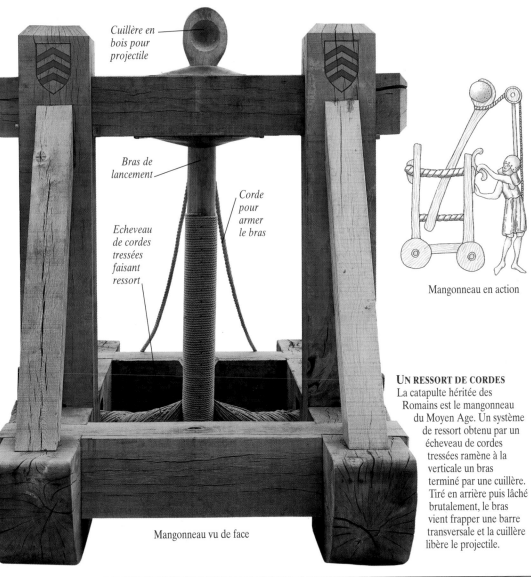

REDDITION
Sur cette peinture du XVe siècle, les clés sont remises au vainqueur en signe de reddition. Bien souvent celui-ci était sans pitié et faisait massacrer ceux qui lui avaient résisté : le château était pillé, plus rarement détruit. Parfois, le chef de la garnison assiégée demandait une trêve pour obtenir de son seigneur la permission de se rendre.

Mangonneau vu de face

Mangonneau en action

UN RESSORT DE CORDES
La catapulte héritée des Romains est le mangonneau du Moyen Age. Un système de ressort obtenu par un écheveau de cordes tressées ramène à la verticale un bras terminé par une cuillère. Tiré en arrière puis lâché brutalement, le bras vient frapper une barre transversale et la cuillère libère le projectile.

Pièces de renfort

Gambison

Lanières cirées

LE CHEVALIER ENDOSSE SON ARMURE

Pour revêtir une armure de mailles on enfilait le haubert par la tête et l'on ajustait dessus, le cas échéant, des plaques de renfort pour les épaules et le torse. Mais la mise en place de l'armure de plates nécessitait de la patience et l'aide d'un écuyer. Après avoir endossé le gambison rembourré qui empêchait tout contact du métal avec la peau, le chevalier se faisait habiller, pièce par pièce. Certaines armures allemandes du XVe siècle étaient lacées sur le gambison, mais, au siècle suivant, la plupart des pièces de l'armure étaient ajustées entre elles au moyen de lanières et de rivets. Cette page illustre les étapes de l'armement d'un chevalier. Il s'agit ici d'une armure gothique allemande de la fin du XVe siècle.

Cuis...

Gen...

Grè...

Soler...

1 DOUBLURE
A ce sous-vêtement rembourré on fixe des lanières de cuir cirées pour attacher différentes parties de l'armure. Les parties en mailles sont destinées à protéger les endroits où les plaques ne couvrent pas le corps.

2 PIED, JAMBE, CUISSE
En commençant par en bas, on chausse les solerets, puis on met les grèves, les genouillères et les cuissardes dont la partie haute est attachée au torse.

Dossière

Braconnière

Plastron

Ceinturon

3 L'AINE
Pour protéger l'aine, que l'on peut difficilement recouvrir de plaques d'acier trop rigides, on revêt une courte jupe de mailles.

4 LE DOS
Mise en place de la dossière. La partie située en dessous de la taille (la braconnière) a une forme très évasée pour protéger les fesses et les reins. Une ceinture à boucle est rivetée à la taille.

5 LE TORSE
Le plastron est relié à la dossière par des courroies à la taille et aux épaules ; l'ensemble dossière-plastron forme la cuirasse.

Epaulière

Rouelle

Canon de bras

Canon d'avant-bras

Cubitière

Gant de
cuir interne
du gantelet

Dague
à rouelle

Baudrier

Epée

7 LE GANTELET, L'ÉPÉE ET LA DAGUE

Les gantelets sont formés
de plaques indépendantes
montées sur du cuir. L'épée
se porte à gauche, dans
un fourreau qui pend au
baudrier selon un angle
étudié pour que l'on puisse
dégainer rapidement. La
dague, arme d'appoint,
est accrochée au côté droit.

ÉPAULE, BRAS, COUDE ET AISSELLE

Des lanières de cuir cousues sur les manches du gambison
passent par deux œillets percés dans l'acier pour fixer la
cubitière et le canon de bras. L'épaulière et la rouelle protègent
respectivement l'épaule et l'aisselle.

HABILLAGE

Cette peinture de 1460
est une rare exception.
Elle illustre l'habillage
d'un chevalier
avant la joute.

10 BIEN ARMÉ

Ayant pris en main
sa masse d'armes, arme
redoutable contre
les armures, il est
maintenant habillé
de pied en cap
et peut monter
sur son cheval
de guerre.

Bavière

Casque

Masse

LE MENTON

Il est protégé par une bavière qui
couvre tout le bas du visage ; indispensable
surtout quant on porte le casque allemand,
ouvert, appelé « salade » (p. 13).

Eperon

9 ÉPERON ET CASQUE

On boucle les éperons
à molette autour des solerets
du chevalier. Le casque est
intérieurement doublé pour
amortir les coups. Une
jugulaire en cuir empêche
qu'il ne tombe pendant
le combat.

29

LES HOMMES À PIED PRENNENT LEUR REVANCHE

Les chevaliers n'avaient que mépris pour ceux qui combattaient à pied. Et pourtant, l'infanterie fut très vite capable de décimer une charge de cavalerie et de faire basculer le sort de la bataille. En 1302, à Courtrai, les fantassins flamands firent reculer les chevaliers français. Pendant la guerre de Cent Ans, les archers anglais brisèrent la chevalerie française à Crécy (1346) puis à Azincourt (1415). Dès son invention au XIIe siècle, l'arbalète se révéla terriblement efficace pour décimer hommes et chevaux ; les pics, ces armes redoutables montées sur un long manche, eurent également leur heure de gloire pendant la guerre de Bourgogne (1476-1477). Plus meurtrières encore étaient les armes à feu utilisées au XVe siècle par les hussites de Bohême, en Europe centrale, contre les chevaliers allemands.

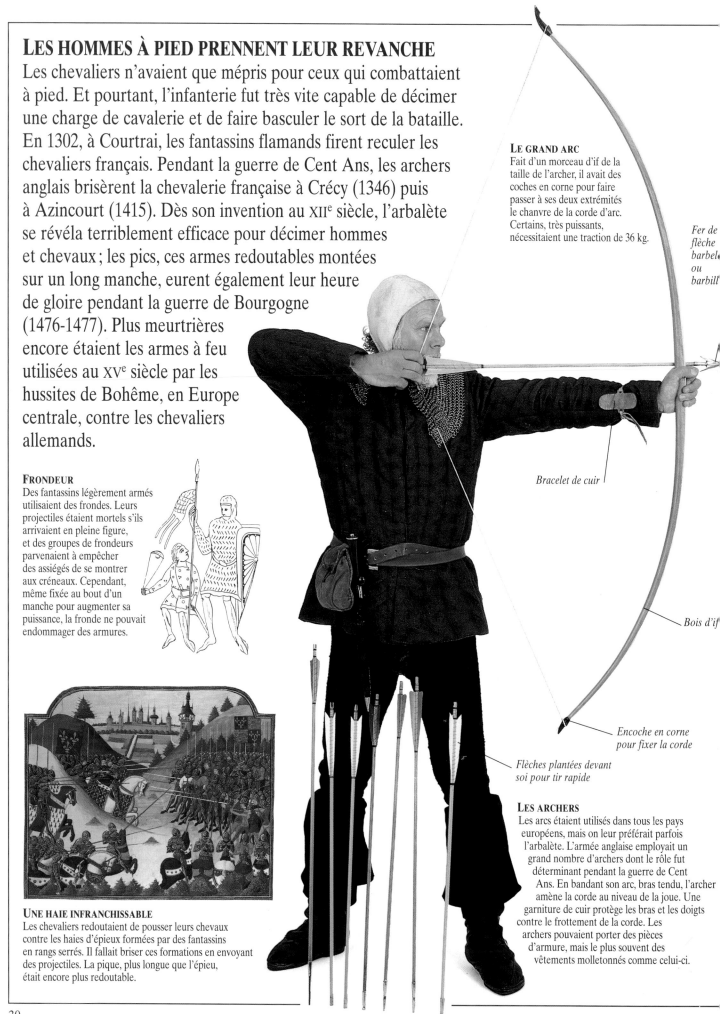

LE GRAND ARC
Fait d'un morceau d'if de la taille de l'archer, il avait des coches en corne pour faire passer à ses deux extrémités le chanvre de la corde d'arc. Certains, très puissants, nécessitaient une traction de 36 kg.

Fer de flèche barbelé ou barbillé

Bracelet de cuir

Bois d'if

FRONDEUR
Des fantassins légèrement armés utilisaient des frondes. Leurs projectiles étaient mortels s'ils arrivaient en pleine figure, et des groupes de frondeurs parvenaient à empêcher des assiégés de se montrer aux créneaux. Cependant, même fixée au bout d'un manche pour augmenter sa puissance, la fronde ne pouvait endommager des armures.

Encoche en corne pour fixer la corde

Flèches plantées devant soi pour tir rapide

LES ARCHERS
Les arcs étaient utilisés dans tous les pays européens, mais on leur préférait parfois l'arbalète. L'armée anglaise employait un grand nombre d'archers dont le rôle fut déterminant pendant la guerre de Cent Ans. En bandant son arc, bras tendu, l'archer amène la corde au niveau de la joue. Une garniture de cuir protège les bras et les doigts contre le frottement de la corde. Les archers pouvaient porter des pièces d'armure, mais le plus souvent des vêtements molletonnés comme celui-ci.

UNE HAIE INFRANCHISSABLE
Les chevaliers redoutaient de pousser leurs chevaux contre les haies d'épieux formées par des fantassins en rangs serrés. Il fallait briser ces formations en envoyant des projectiles. La pique, plus longue que l'épieu, était encore plus redoutable.

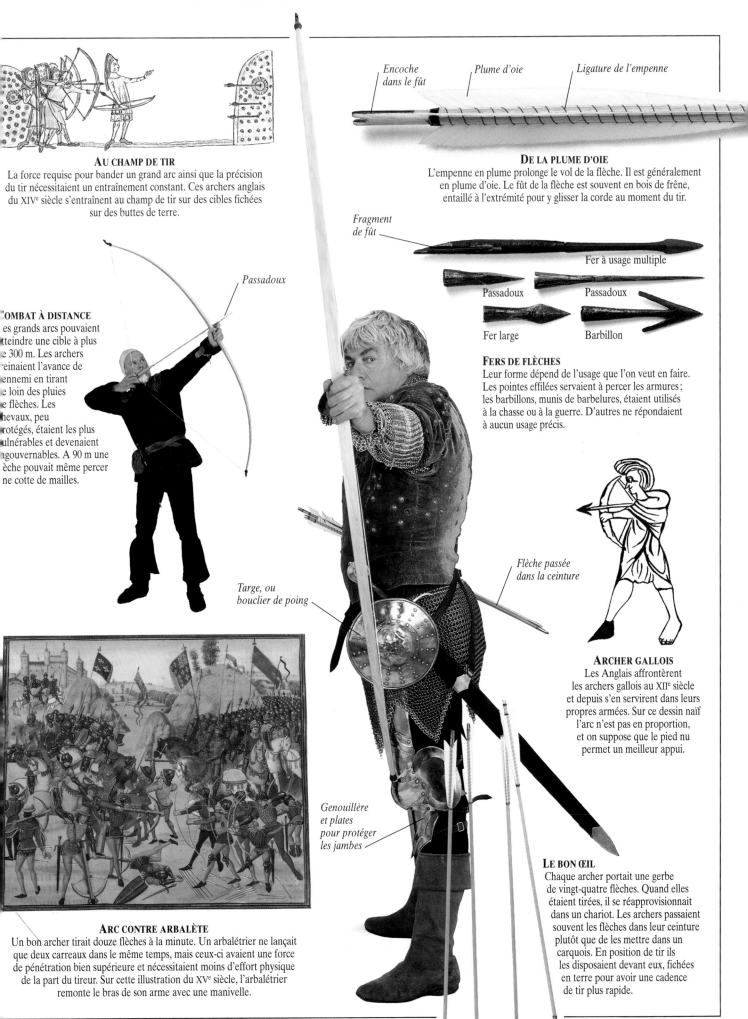

AU CHAMP DE TIR

La force requise pour bander un grand arc ainsi que la précision du tir nécessitaient un entraînement constant. Ces archers anglais du XIVe siècle s'entraînent au champ de tir sur des cibles fichées sur des buttes de terre.

DE LA PLUME D'OIE

L'empenne en plume prolonge le vol de la flèche. Il est généralement en plume d'oie. Le fût de la flèche est souvent en bois de frêne, entaillé à l'extrémité pour y glisser la corde au moment du tir.

Encoche dans le fût

Plume d'oie

Ligature de l'empenne

Fragment de fût

Passadoux

Fer à usage multiple

Passadoux

Passadoux

Fer large

Barbillon

FERS DE FLÈCHES

Leur forme dépend de l'usage que l'on veut en faire. Les pointes effilées servaient à percer les armures ; les barbillons, munis de barbelures, étaient utilisés à la chasse ou à la guerre. D'autres ne répondaient à aucun usage précis.

COMBAT À DISTANCE

Les grands arcs pouvaient atteindre une cible à plus de 300 m. Les archers freinaient l'avance de l'ennemi en tirant de loin des pluies de flèches. Les chevaux, peu protégés, étaient les plus vulnérables et devenaient ingouvernables. A 90 m une flèche pouvait même percer une cotte de mailles.

Targe, ou bouclier de poing

Flèche passée dans la ceinture

ARCHER GALLOIS

Les Anglais affrontèrent les archers gallois au XIIe siècle et depuis s'en servirent dans leurs propres armées. Sur ce dessin naïf l'arc n'est pas en proportion, et on suppose que le pied nu permet un meilleur appui.

Genouillère et plates pour protéger les jambes

LE BON ŒIL

Chaque archer portait une gerbe de vingt-quatre flèches. Quand elles étaient tirées, il se réapprovisionnait dans un chariot. Les archers passaient souvent les flèches dans leur ceinture plutôt que de les mettre dans un carquois. En position de tir ils les disposaient devant eux, fichées en terre pour avoir une cadence de tir plus rapide.

ARC CONTRE ARBALÈTE

Un bon archer tirait douze flèches à la minute. Un arbalétrier ne lançait que deux carreaux dans le même temps, mais ceux-ci avaient une force de pénétration bien supérieure et nécessitaient moins d'effort physique de la part du tireur. Sur cette illustration du XVe siècle, l'arbalétrier remonte le bras de son arme avec une manivelle.

LA BATAILLE : UNE MÊLÉE IMPITOYABLE

Le code d'honneur de la chevalerie imposait la courtoisie envers les vaincus, pour protéger les hommes mais aussi dans un but lucratif, car un prisonnier de haut rang représentait une forte rançon. Mais cette règle ne fut pas toujours appliquée et l'histoire comporte de sombres épisodes, comme à Azincourt (1415) où les chevaliers français prisonniers furent massacrés sur ordre des barons anglais. Quant aux fantassins, le nombre de leurs morts figure rarement dans le bilan des affrontements. Les batailles rangées, qui rassemblaient des milliers d'hommes, répondaient à des enjeux énormes : gagner un territoire, voire un trône ! Mais la guerre médiévale est aussi une suite sans fin d'escarmouches, d'embuscades et de querelles entre seigneurs voisins.

ROIS GUERRIERS
Chefs de guerre avant tout, les rois et comtes du Moyen Age se faisaient représenter à cheval et en armure sur leurs sceaux. On voit ici Henri Ier (1100-1135), roi d'Angleterre et duc de Normandie, portant une cotte de mailles et un heaume conique.

PIED À TERRE
Bien qu'entraînés à combattre à cheval, les chevaliers mettent parfois pied à terre. Lorsque la tactique l'impose, ils se regroupent en formation serrée, couverts par des archers et quelques cavaliers. On voit sur cette peinture du XIVe siècle des chevaliers français et anglais combattant à pied aux côtés d'archers et d'arbalétriers pour s'emparer d'un pont.

CHAUSSE-TRAPES
Ces petits objets n'ont que quelques centimètres de haut. Quelle que soit leur position, ils gardent toujours une pointe en l'air qui vient se ficher dans le pied des hommes et des chevaux, arrêtant net une charge de cavalerie. On en semait sur le parcours des cavaliers ennemis, aux abords des forteresses.

FUITE ET POURSUITE
Cette scène du milieu du XIIIe siècle témoigne de l'effroyable mêlée qui devait régner sur les champs de bataille, la discipline n'étant pas la première qualité de la chevalerie. On n'hésitait pas à sortir du rang pour frapper un fuyard dans le dos, au détriment du déroulement stratégique de la bataille.

MUR DE CHEVAUX

Au XIIe siècle les armures étaient similaires un peu partout en Europe ; il n'en était pas de même pour les méthodes de combat. Certains se servaient de leur lance comme d'un javelot, d'autres la tenaient par-dessus le bras. Sur ce haut-relief italien, les lances sont pointées à l'arrêt sous le bras dans une charge serrée.

DANS LA MÊLÉE
Ce dessin du XVe siècle montre le sort peu enviable des chevaliers, même quand ils portent une armure, dans une charge de deux cavaleries. Ceux que les lances adverses ont touchés et désarçonnés sont voués à être piétinés par les chevaux ennemis, ou ceux de leurs propres compagnons.

BUTIN
Les villes ou les châteaux conquis étaient voués au pillage comme l'illustre cette scène italienne du XIVe siècle, où l'on voit le butin s'empiler devant le vainqueur. Les armures et les armes des chevaliers morts ou prisonniers constituaient aussi des prises de guerre très appréciées.

Une pointe est toujours dressée…

… tandis que les trois autres sont au sol.

ATTENTION AU CHOC
Cette gravure sur bois du XVIe siècle représente une formation de chevaliers allemands chargeant en rangs serrés. Le mouvement des lances que l'on abaisse juste avant de heurter l'ennemi est parfaitement suggéré.

LA VIE DE CHÂTEAU

Le château est aussi l'habitation du seigneur et de son entourage, la « mesnie », comme disent les textes du Moyen Âge. La grande salle en est le cœur : c'est là que tous mangent, jouent, vivent et, parfois, dorment. Mais peut-être le seigneur a-t-il sa chambre privée ? Le château possède en outre une cuisine – souvent extérieure à cause des risques d'incendie –, une chapelle, des étuves pour le bain, des écuries et des magasins remplis de réserves. Indispensable en cas de siège, le puits est situé dans la cour. Si les murs, à l'extérieur, sont souvent blanchis à la chaux, à l'intérieur, ils sont ornés de peintures vives et de tapisseries qui isolent du froid. Les sols sont jonchés de paille ou d'herbe fraîche en guise de tapis. Les rois et les riches seigneurs possèdent plusieurs châteaux qu'ils visitent régulièrement, épuisant les réserves de l'un avant de se rendre dans un autre.

CHANT ET DANSE
La musique et le chant tiennent une grande place dans la vie noble et accompagnent souvent les repas. On dansait des virelais, rondeaux et caroles en se tenant par les mains.

Blason

CANDÉLABRE MURAL
Seuls les riches pouvaient s'éclairer avec des bougies de cire disposées dans des candélabres ouvragés. Cet exemple français du XVIᵉ siècle est en cuivre doré. Le blason de la famille de Castelnau La Loubère y figure, entouré par le collier de l'ordre de Saint-Michel.

BURETTE EN ARGENT
Ce pot en argent contenait des huiles saintes utilisées pendant certains services religieux. Il fut fabriqué en Bourgogne à la fin du XIVᵉ siècle.

À LA TABLE DU SEIGNEUR
Toute la maisonnée se retrouvait dans la grande salle pour les repas. Sur ce manuscrit de 1316, Lancelot distrait le roi Arthur en lui racontant ses aventures.

Décor en émail de Limoges

S'ÉCLAIRER
Ce type de chandelier, dit « à broche », possède une longue pointe pour y enfoncer la bougie. Celui-ci, de 1230, servait probablement dans une chapelle.

JEU D'ÉCHECS
Sur ce tableau de 1504, François Iᵉʳ joue aux échecs avec Marguerite d'Angoulême. Jeu guerrier, les échecs étaient très en vogue chez les chevaliers. Les pièces étaient joliment sculptées dans de l'os ou de l'ivoire.

SE CHAUFFER
Les murs de pierre étant épais, on pouvait y construire de larges cheminées. Ici, la dame est en train de filer de la laine.

Gaine en cuir peint et ciselé

CUVETTE

On se servait d'une paire de cuvettes comme celle-ci appelée « gémellion », pour laver les mains des hôtes à table. Un serviteur faisait couler l'eau, d'une cuvette dans l'autre, sur les mains. Quelquefois on faisait couler l'eau à partir d'une aiguière. Ce gémellion est décoré d'émaux de Limoges.

Un chevalier s'agenouille devant sa dame.

Musicien

DÉCOUPER LES VIANDES

Avec cette paire de couteaux à large lame (Allemagne, XVᵉ siècle) on servait la nourriture. Les manches en laiton sont incrustés de petits panneaux de bois de cerf et d'acajou. Sur chaque lame est gravée une ancienne croix gammée. L'étui est imcomplet.

POT DE CHAMBRE

Certains utilisaient des pots de chambre, mais les châteaux possédaient des toilettes, ou latrines, construites dans l'épaisseur des murs ou surplombant les murs. Elles se composaient d'un siège et d'un conduit d'évacuation vers l'extérieur.

SE DIVERTIR

Les jeux aidaient à passer les longues soirées. Ici un jeune homme joue aux dames avec… une noble dame. Le trictrac était aussi populaire au XIVᵉ siècle.

oids de alance

POIDS DE BRONZE

Les poids en acier de la fin du XIIᵉ siècle (à gauche) étaient utilisés sur des balances romaines à fléau. Le poids de droite, en bronze, est postérieur à 1405 et porte les armes royales d'Angleterre.

Blason royal

DU BONHEUR D'ÊTRE CHÂTELAIN

Bien des chevaliers ne possédaient ni terre ni château. Jusqu'au XIIIe siècle, un grand nombre d'entre eux vivaient aux frais de leur seigneur comme gardes dans son château. D'autres vendaient leurs services comme mercenaires. Les plus chanceux, qui recevaient un fief et une demeure fortifiée, pouvaient vivre du produit de leur domaine sur lequel travaillaient des paysans et des artisans de toutes conditions. En échange de leur maison et de leur lopin de terre, ceux-ci devaient au châtelain un certain nombre de services et de corvées régis par la coutume locale. Lorsqu'il disposait du droit de ban, le seigneur exigeait une taxe, ou banalité, pour l'usage du moulin, du pressoir, du four, etc. Il prélevait sa part sur les rendements agricoles et avait droit de justice à l'intérieur de son domaine. L'Église aussi réclamait son dû sur les récoltes : le dixième des revenus ou dîme.

DÉFENSE DE LA MAISON
Cette maison fortifiée anglaise est constituée d'une grande salle et d'une suite de chambres, le tout encadré par deux tours. Elle date de la fin du XIIIe siècle. La galerie à colombage est un rajout du XVIIe siècle.

Matrice

LE SCEAU
Les nobles ne savaient pas toujours lire ou écrire et, pour signer un document, ils avaient recours à un sceau en cire. Ci-dessus, la matrice et une copie du sceau de Robert Fitz Walter, l'un des barons rebelles au roi d'Angleterre Jean sans Terre.

Reproduction
actuelle

LE GOÛT DU JEU
Ce couple italien du XIVe siècle semble absorbé par un jeu de dames. La poésie, la musique, les distractions offertes par les comédiens constituaient aussi d'agréables passe-temps.

Nom de Robert Fitz Walter, possesseur du sceau

JEU D'ÉCHE◖
Ces pièces scandinav◖ trouvées dans l'île de Lew◖ (Ecosse), ont été taillées da◖ de l'ivoire de morse, vers 115◖

Reine

Roi

Evêque
(le fou
moderne)

Cavalier

Gardien
(tour)

37

UR LABEUR

abourer, semer, moissonner :
travail de la terre exigeait
eaucoup de peine pour peu
e rendement. Cette scène du
autier de Luttrel (XIVe siècle)
ustre fort bien le dur travail
es paysans.

LE CHÂTELAIN

Le statut et le rang du seigneur
variaient en fonction de
l'importance de ses terres. Certains
puissants personnages possédaient
plusieurs domaines qu'ils visitaient
de temps à autre. Ils utilisaient
alors les services d'un intendant
qui gérait les affaires en l'absence
du maître. Souvent avides et cruels,
les intendants étaient mal vus de
la paysannerie.

UN COIN DE PARADIS

Sur cette peinture du XVe siècle, la maison
blanchie à la chaux présente une armature
de pans de bois, ou colombage, remplie
de torchis (mélange de boue et de paille).
A côté : un verger verdoyant.

EL PÈRE, TEL FILS

es détails, tirés du frontispice d'un autel
atant de 1500, représentent un chevalier
n prière avec ses sept fils. L'aîné
eviendra chevalier comme son père,
t héritera du domaine ; l'aînée
es filles épousera un noble.
es plus jeunes feront
arrière dans l'armée
u dans l'Eglise.

COFFRET DÉCORÉ

Ce petit coffre du XVe siècle appartenait à une famille riche. Il est orné de panneaux
en os illustrant l'épisode biblique de « Suzanne et les vieillards ».

LE RÔLE DE LA DAME

La dame avait la haute main sur l'ensemble de la vie domestique et de l'intendance. Sachant lire et compter elle contrôlait les dépenses et vérifiait les registres du régisseur. Son rôle était aussi d'accueillir les visiteurs. Elle avait ses propres servantes, quelques dames de compagnie, et des nourrices pour ses enfants car sa première mission était de donner naissance à une belle lignée de fils.

CES DAMES DU TEMPS JADIS...

Au Moyen Âge, les femmes nobles occupaient une place non négligeable même si elles ne disposaient pas des mêmes droits qu'aujourd'hui. Elles étaient souvent mariées dès l'âge de quinze ans en fonction d'un accord prévu de longue date entre les deux familles. L'époux avait la jouissance des biens de sa femme, mais non pas la pleine propriété qu'elle gardait et transmettait à ses enfants. Dans la vie privée, elle était l'égale de son époux et participait à la gestion de la maison et du domaine. En l'absence du maître, elle prenait toutes les affaires en main, signait les chartes, rendait la justice et défendait son château assiégé.

LE JARDIN DES DÉLICES
Cette illustration tardive du *Roman de la rose*, écrit au XIIIᵉ siècle, représente l'idéal de la vie courtoise : une élégante compagnie de jeunes dames reçoit l'hommage de quelques chevaliers dans un verger où coule une fontaine. Sans doute la réalité était-elle bien différente !

LE CYGNE BLANC
Connue sous le nom de « cygne de Dunstable », cette broche en or émaillé date du XVᵉ siècle. C'était l'insigne d'une grande famille anglaise, la maison de Lancaster, à laquelle étaient liés les princes de Galles. Les femmes nobles portaient cette broche en signe d'allégeance.

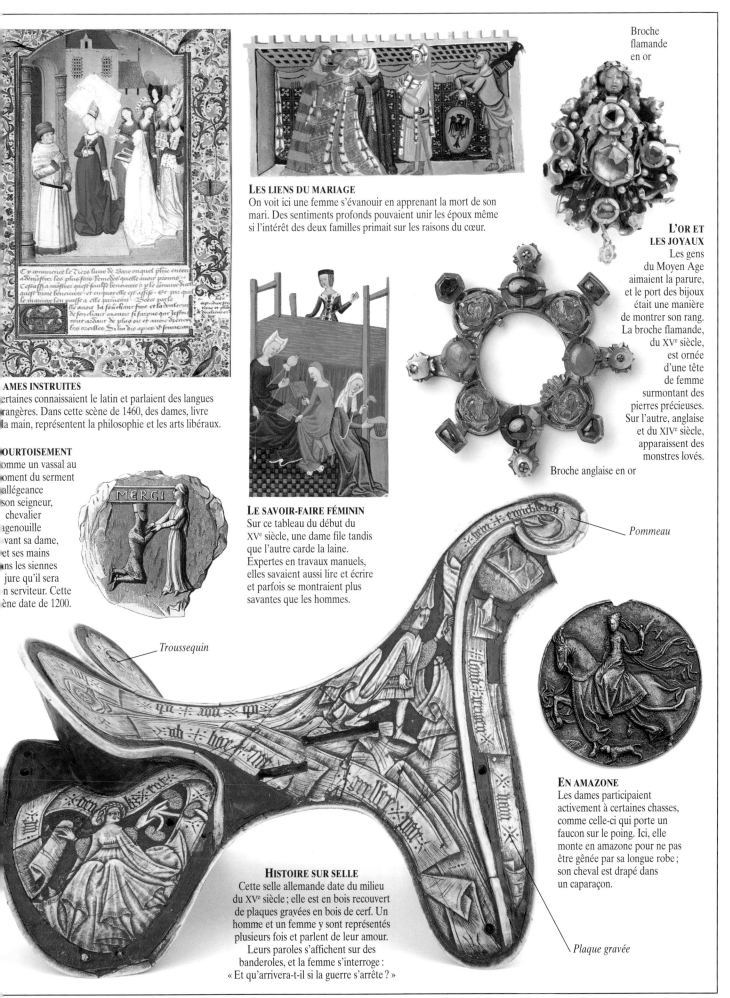

LES LIENS DU MARIAGE
On voit ici une femme s'évanouir en apprenant la mort de son mari. Des sentiments profonds pouvaient unir les époux même si l'intérêt des deux familles primait sur les raisons du cœur.

Broche flamande en or

L'OR ET LES JOYAUX
Les gens du Moyen Age aimaient la parure, et le port des bijoux était une manière de montrer son rang. La broche flamande, du XVᵉ siècle, est ornée d'une tête de femme surmontant des pierres précieuses. Sur l'autre, anglaise et du XIVᵉ siècle, apparaissent des monstres lovés.

Broche anglaise en or

...AMES INSTRUITES
...ertaines connaissaient le latin et parlaient des langues ...rangères. Dans cette scène de 1460, des dames, livre ...la main, représentent la philosophie et les arts libéraux.

...OURTOISEMENT
...omme un vassal au ...oment du serment ...allégeance ...son seigneur, ...chevalier ...agenouille ...vant sa dame, ...et ses mains ...ns les siennes ...jure qu'il sera ...n serviteur. Cette ...ène date de 1200.

MERCI

LE SAVOIR-FAIRE FÉMININ
Sur ce tableau du début du XVᵉ siècle, une dame file tandis que l'autre carde la laine. Expertes en travaux manuels, elles savaient aussi lire et écrire et parfois se montraient plus savantes que les hommes.

Pommeau

Trousequin

EN AMAZONE
Les dames participaient activement à certaines chasses, comme celle-ci qui porte un faucon sur le poing. Ici, elle monte en amazone pour ne pas être gênée par sa longue robe ; son cheval est drapé dans un caparaçon.

HISTOIRE SUR SELLE
Cette selle allemande date du milieu du XVᵉ siècle ; elle est en bois recouvert de plaques gravées en bois de cerf. Un homme et un femme y sont représentés plusieurs fois et parlent de leur amour. Leurs paroles s'affichent sur des banderoles, et la femme s'interroge : « Et qu'arrivera-t-il si la guerre s'arrête ? »

Plaque gravée

L'AMOUR COURTOIS : L'IDÉAL DES CHEVALIERS ET LE CHANT DES TROUBADOURS

Au tournoi comme à la guerre, un chevalier se montrait courtois envers son adversaire. À partir du XIIᵉ siècle cette attitude évolue vers un code de conduite chevaleresque qui exige une attention particulière envers les dames. Les romans de chevalerie et les poèmes d'amour courtois chantés par les troubadours développent cette image idéale du chevalier. À la même époque, l'adoubement devient une véritable cérémonie religieuse qui comporte la veillée de prières et le bain purificateur. Béni par le prêtre et nourri de littérature, le chevalier sait désormais se tenir à la cour où il veut briller auprès des dames par le récit de ses exploits guerriers et par sa bonne éducation.

GEORGES ET LE DRAGON
La légende fait de saint Georges un martyr chrétien sacrifié par les Romains. Né d'un mythe selon lequel il aurait sauvé une princesse des griffes du dragon, son culte s'épanouit au Moyen Age ; il devint le symbole de la chevalerie. Cet ivoire, du XIVᵉ siècle, représente saint Georges écrasant le dragon au pied d'un château.

CHEVALIER EN ARMURE BRILLANTE
Ce bouclier de tournoi du XVᵉ siècle représente un chevalier agenouillé devant sa dame. Sur la banderole figure la devise « Toi ou la Mort », cette dernière étant symbolisée par un squelette.

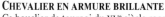

LES NŒUDS DE L'AMOUR
Les familles nobles faisaient graver des médaillons en souvenir des cérémonies importantes. Celui-ci fut frappé à l'occasion d'un mariage dans une illustre maison savoyarde. Les nœuds qui y figurent sont les armes de la Savoie : ils symbolisent aussi l'union de deux familles.

« LE CŒUR D'AMOUR ÉPRIS »
Tirée du livre *Le Cœur d'amour épris* écrit par René d'Anjou, au XVᵉ siècle, cette scène illustre le monde merveilleux du roman médiéval, où les personnages incarnent des sentiments. Ici le chevalier « Cœur » lit une inscription, tandis que son compagnon « Désir » se repose.

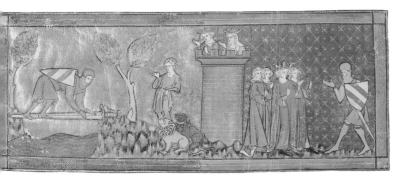

LANCELOT ET GUENIÈVRE

Arthur fut un roi guerrier celte du Ve siècle. Mais c'est à partir du XIIe siècle que s'épanouit la légende du roi et des chevaliers de la Table Ronde. Elle raconte leurs combats contre le Malin, et l'amour du chevalier Lancelot pour Guenièvre, l'épouse du roi Arthur. L'illustration ci-dessus montre Lancelot traversant une rivière sur son épée pour sauver Guenièvre.

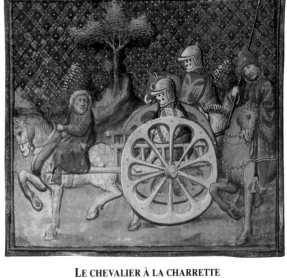

LE CHEVALIER À LA CHARRETTE

Les chevaliers allaient à cheval. Selon la coutume, on faisait monter sur une charrette tout homme condamné à mort ou au déshonneur : il était alors mis au ban de la chevalerie. Ce dessin illustre un épisode de la vie de Lancelot où il rencontre un lutin qui se propose de lui dire où se trouve Guenièvre, à condition qu'il monte dans une charrette.

CHAMPION ROYAL

Sir Edward Dymoke était le champion de la reine Elisabeth Ire d'Angleterre. Pendant le banquet qui suivit son couronnement, il parcourut, armé de pied en cap, la salle du festin, prêt à jeter un défi à quiconque eût douté de la légitimité de la reine. Cette coutume s'est maintenue en Angleterre jusqu'au couronnement de George IV en 1821.

Serrure

Cornière de renfort

LES AMANTS TRAGIQUES

Les gravures de cette boîte en ivoire du XIIe siècle racontent la légende de Tristan et d'Yseult. C'est l'histoire du chevalier Tristan qui boit sans le savoir un philtre et tombe amoureux de la femme de son oncle, le roi Mark.

QUAND LES CHEVALIERS ENTRENT EN LICE

Le tournoi est d'abord une forme d'entraînement militaire : dans un grand pré se déroule une bataille simulée où se mêlent cavaliers et fantassins. Tel est le tournoi au XIᵉ siècle lorsqu'il apparaît en France avant de se développer dans toute l'Europe : c'est une pratique des armes, mais aussi un jeu qui n'est pas sans danger puisque les armes « courtoises », à la pointe émoussée, n'y figurent point avant la fin du XIIᵉ siècle. Un bon combattant pouvait y faire fortune, car les vaincus y perdaient leur cheval et leur armure. Afin de limiter les effusions de sang, on inventa de nombreuses règles et variantes comme les joutes et les combats à pied. Dans le « pas d'armes », très prisé au XVᵉ siècle, le chevalier qui occupait la lice relevait le défi contre tout venant. Au XVIIᵉ siècle, les tournois furent remplacés par des démonstrations équestres moins dangereuses, les carrousels.

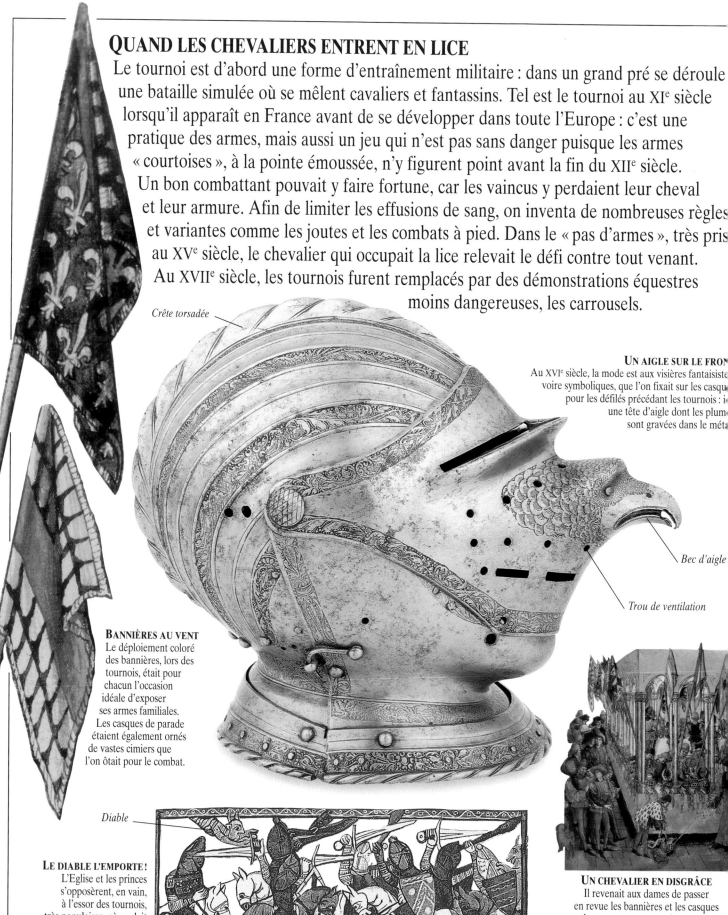

Crête torsadée

UN AIGLE SUR LE FRONT
Au XVIᵉ siècle, la mode est aux visières fantaisistes, voire symboliques, que l'on fixait sur les casques pour les défilés précédant les tournois : ici une tête d'aigle dont les plumes sont gravées dans le métal.

Bec d'aigle

Trou de ventilation

BANNIÈRES AU VENT
Le déploiement coloré des bannières, lors des tournois, était pour chacun l'occasion idéale d'exposer ses armes familiales. Les casques de parade étaient également ornés de vastes cimiers que l'on ôtait pour le combat.

Diable

LE DIABLE L'EMPORTE !
L'Église et les princes s'opposèrent, en vain, à l'essor des tournois, très populaires, où coulait inutilement tant de sang. Dans cette peinture du XIVᵉ siècle, des diables attendent l'âme des chevaliers morts au tournoi.

UN CHEVALIER EN DISGRÂCE
Il revenait aux dames de passer en revue les bannières et les casques des concurrents avant le tournoi. Si l'un d'eux était jugé indigne, on retirait son casque et il ne pouvait pas entrer en lice. Ce dessin vient du *Livre des tournois* de René d'Anjou, datant du XVᵉ siècle.

À LA MASSE D'ARMES
Le combat à la masse d'armes était assez rare. Deux équipes munies de masses en bois devaient faire tomber les cimiers de l'adversaire. Pour parer les coups, les visages sont protégés par des grilles faciales. Chaque chevalier a son porte-bannière et son escorte d'écuyers. Au centre, le héraut s'apprête à donner le signal du tournoi et deux valets, au premier plan, vont couper les cordes. Dans les tribunes sont assis les juges-diseurs et les dames.

Trou pour passer la hampe

Décor gravé et doré

Masque en métal repoussé

Porte-plumet

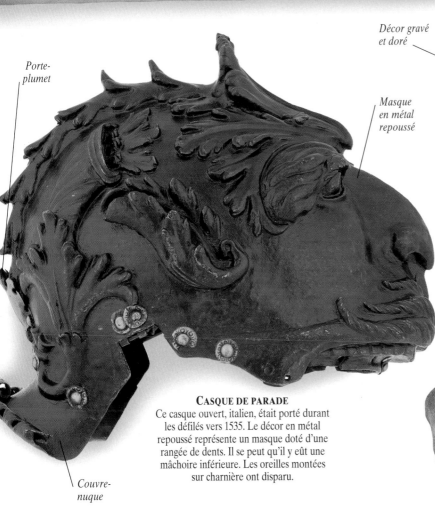

Rondelle

UNE POIGNÉE DE FER
Ces éléments appartiennent à une armure italienne de 1570. La garde circulaire ci-dessus se fixait sur la lance pour protéger le poing. Le gantelet (ou miton) ci-dessous se verrouillait lorsque le chevalier avait saisi son épée, de telle sorte que son arme ne pouvait lui glisser de la main.

CASQUE DE PARADE
Ce casque ouvert, italien, était porté durant les défilés vers 1535. Le décor en métal repoussé représente un masque doté d'une rangée de dents. Il se peut qu'il y eût une mâchoire inférieure. Les oreilles montées sur charnière ont disparu.

Couvre-nuque

Miton autobloquant

EN UN COMBAT SINGULIER

Parmi les nombreux combats que proposent les tournois, la joute est, dès son origine au XIIᵉ siècle, l'un des plus appréciés. Il s'agit d'un duel à cheval où chaque combattant peut faire valoir son adresse et ses qualités de cavalier.

À partir du XIVᵉ siècle, la joute est soumise à des règles précises : armé d'une lance émoussée, plus rarement d'une épée, chaque jouteur s'élance vers l'autre dans le but de le désarçonner ou de lui ôter son casque. À l'excitation du jeu d'adresse s'ajoutait le danger car, souvent, les lances se brisaient en éclats acérés. La joute dite « à outrance » se pratiquait avec des armes de guerre mais bon nombre de chevaliers préféraient la joute « à plaisance », moins meurtrière. La pointe de la lance était alors garnie d'une sorte de fleuron, ou rochet, qui élargissait le point d'impact. Les concurrents étaient séparés par une barrière longitudinale pour éviter les collisions.

Vue

HEAUME À TÊTE DE CRAPAUD
Le casque utilisé pendant les joutes du XVᵉ siècle se fermait par-derrière. Pour voir son adversaire, il fallait se pencher en avant pendant la charge. Au moment de l'impact, on se redressait pour que le bord inférieur de la visière, en forme de bouche de crapaud, protège les yeux de la pointe de la lance.

JOUTEURS ALLEMANDS
Dans les pays germaniques, les chevaliers pratiquaient une version de la joute à outrance sans barrière centrale. Les combattants portaient de fortes plaques de protection sur les cuisses, le casque comportant aussi des plaques de renfort.

Echancrure

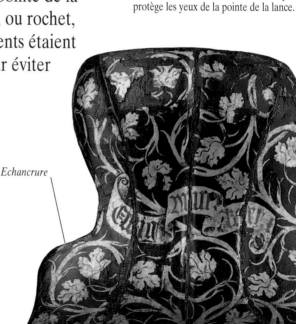

LA TARGE
C'est un petit bouclier de joute. Celui-ci, recouvert de cuir, date de la fin du XVᵉ siècle. L'échancrure sur le côté servait à reposer la lance en position basse. La targe était attachée au plastron de l'armure par un crampon.

ROMPRE SA LANCE
Les lances étaient montées sur une hampe. Au XVIᵉ siècle, les hampes de joute sont cannelées afin de se briser plus facilement. Celle-ci, du XVIIᵉ siècle, était utilisée dans un jeu d'adresse appelé « course à la dague » : il fallait la glisser dans un anneau suspendu à une potence.

PARADE AVANT LA JOUTE
Les chevaliers défilent le long de la barrière centrale avant le début des joutes, des écuyers les accompagnent en portant des lances de rechange. Cette scène tirée des *Chroniques* de Froissart date de la fin du XVᵉ siècle, bien qu'elle représente les joutes de Saint-Engelbert qui eurent lieu en 1390.

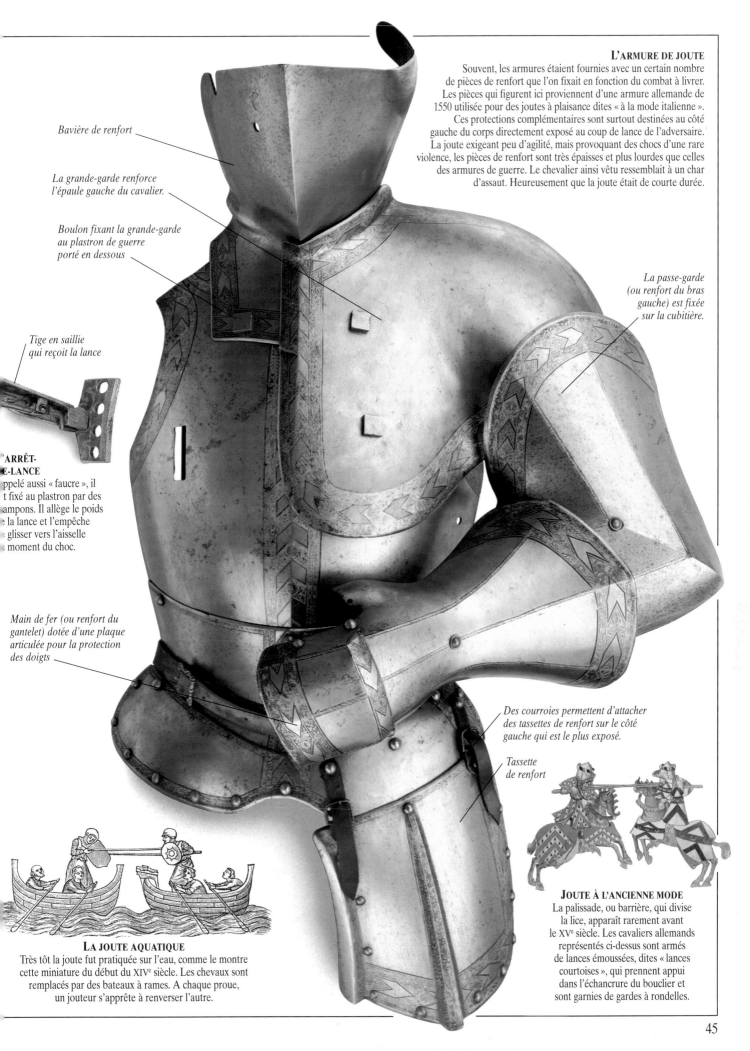

Bavière de renfort

La grande-garde renforce
l'épaule gauche du cavalier.

Boulon fixant la grande-garde
au plastron de guerre
porté en dessous

Tige en saillie
qui reçoit la lance

**L'ARRÊT-
E-LANCE**
ppelé aussi « faucre », il
t fixé au plastron par des
ampons. Il allège le poids
e la lance et l'empêche
glisser vers l'aisselle
moment du choc.

Main de fer (ou renfort du
gantelet) dotée d'une plaque
articulée pour la protection
des doigts

L'ARMURE DE JOUTE
Souvent, les armures étaient fournies avec un certain nombre
de pièces de renfort que l'on fixait en fonction du combat à livrer.
Les pièces qui figurent ici proviennent d'une armure allemande de
1550 utilisée pour des joutes à plaisance dites « à la mode italienne ».
Ces protections complémentaires sont surtout destinées au côté
gauche du corps directement exposé au coup de lance de l'adversaire.
La joute exigeant peu d'agilité, mais provoquant des chocs d'une rare
violence, les pièces de renfort sont très épaisses et plus lourdes que celles
des armures de guerre. Le chevalier ainsi vêtu ressemblait à un char
d'assaut. Heureusement que la joute était de courte durée.

La passe-garde
(ou renfort du bras
gauche) est fixée
sur la cubitière.

Des courroies permettent d'attacher
des tassettes de renfort sur le côté
gauche qui est le plus exposé.

Tassette
de renfort

LA JOUTE AQUATIQUE
Très tôt la joute fut pratiquée sur l'eau, comme le montre
cette miniature du début du XIVe siècle. Les chevaux sont
remplacés par des bateaux à rames. A chaque proue,
un jouteur s'apprête à renverser l'autre.

JOUTE À L'ANCIENNE MODE
La palissade, ou barrière, qui divise
la lice, apparaît rarement avant
le XVe siècle. Les cavaliers allemands
représentés ci-dessus sont armés
de lances émoussées, dites « lances
courtoises », qui prennent appui
dans l'échancrure du bouclier et
sont garnies de gardes à rondelles.

45

LES JOUTEURS MIS À PIED

Dans certaines joutes du XIIIᵉ siècle, les chevaliers, après avoir brisé leur lance, mettaient pied à terre pour continuer à l'épée et, dès le XVᵉ siècle, on vit le combat à pied gagner en popularité. Les adversaires frappaient tour à tour et ne disposaient que d'un certain nombre de coups. À l'extérieur des lices, des hommes en armes se tenaient prêts à les séparer si nécessaire. Les textes du XVᵉ siècle révèlent que les protagonistes commençaient généralement par lancer le javelot avant de saisir l'épée, puis la hache, la pique ou autre arme d'hast. Plus tard, ce combat singulier fut remplacé par une forme de tournoi à pied qui opposait deux équipes séparées par une barrière. Le but était aussi de briser sa lance sur la partie adverse et de poursuivre à l'épée.

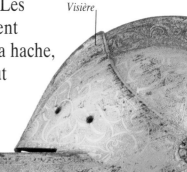

PRÊTS ?
Ce détail d'une tapisserie flamande du XVIᵉ siècle représente des combattants attendant le début du tournoi. Un page tend son casque à l'un deux.

Traces de cou d'épée

Visière

Trou pour le lacets a courroi intérieu

Mentonnière

ARM
Cet armet spécialement con pour le combat à pied est si richeme décoré que l'on a pu douter de s utilisation. Mais il porte des traces de cou d'épée et fait partie d'une armure comple décorée avec la même magnificen

COMBAT EN RÈGLE
Au XVᵉ siècle, la plupart des combats à pied se faisaient sans barrière. Ils nécessitaient donc des règles précises et le port d'armures pour protéger les jambes. Le casque le plus utilisé était le bassinet qui disparut de l'armement de guerre vers le milieu du siècle.

Vis filetée à la main

TIMBRE DE RENFORT
Cette plaque se vissait sur la visière de l'armet ci-contre et venait renforcer la partie gauche du front, la plus exposée aux coups.

Trou pour entendre

Visière

Ventaille

Fente pour les yeux, ou vue

VISIÈRE DE RECHANGE
Il suffisait de desserrer deux vis sur le casque situé à gauche pour en changer la visière et la remplacer par celle-ci qui a plus de trous de ventilation. Le choix de l'une ou de l'autre dépendait du type de combat à livrer.

Bouton de levage

DUELS JUDICIAIRES
Certains combats à pied étaient de vraies luttes à mort où l'on s'en remettait à Dieu pour désigner l'innocent en la personne du vainqueur. Ils avaient lieu lorsque la justice humaine se révélait impuissante. A la suite du combat, le vaincu était exécuté s'il n'était déjà mort.

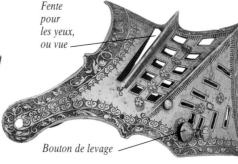

Crochet pivotant pour tenir la ventaille

DES CHARNIÈRES BIEN PLACÉES
Sur cet armet particulier, les garde-joues s'ouvrent latéralement pour laisser passer la tête tandis que visière et ventaille pivotent vers le haut. Ce modèle allemand de 1535 est muni d'un bouton de fermeture qui fixe la visière sur la ventaille. Un petit ressort arrime le tout aux garde-joues.

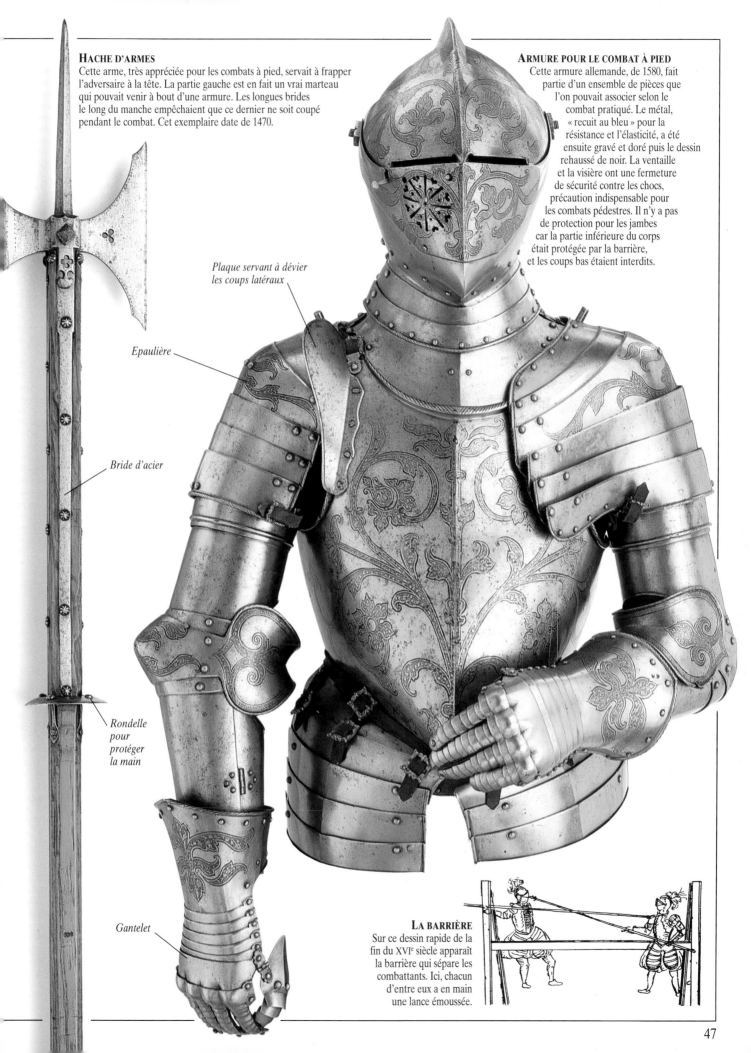

HACHE D'ARMES
Cette arme, très appréciée pour les combats à pied, servait à frapper l'adversaire à la tête. La partie gauche est en fait un vrai marteau qui pouvait venir à bout d'une armure. Les longues brides le long du manche empêchaient que ce dernier ne soit coupé pendant le combat. Cet exemplaire date de 1470.

ARMURE POUR LE COMBAT À PIED
Cette armure allemande, de 1580, fait partie d'un ensemble de pièces que l'on pouvait associer selon le combat pratiqué. Le métal, « recuit au bleu » pour la résistance et l'élasticité, a été ensuite gravé et doré puis le dessin rehaussé de noir. La ventaille et la visière ont une fermeture de sécurité contre les chocs, précaution indispensable pour les combats pédestres. Il n'y a pas de protection pour les jambes car la partie inférieure du corps était protégée par la barrière, et les coups bas étaient interdits.

Plaque servant à dévier les coups latéraux

Epaulière

Bride d'acier

Rondelle pour protéger la main

Gantelet

LA BARRIÈRE
Sur ce dessin rapide de la fin du XVIe siècle apparaît la barrière qui sépare les combattants. Ici, chacun d'entre eux a en main une lance émoussée.

47

D'or au pal
de gueules

D'azur
au château d'or

AINSI PARLAIENT LES BLASONS

De tout temps, les guerriers ont orné leur bouclier, porté des signes de ralliement pendant les batailles. Au XIIe siècle, ces ornements deviennent un langage codé permettant d'identifier un combattant par ses armoiries. Grâce aux écus et aux blasons, il est possible de reconnaître le chevalier enfermé dans son armure comme dans une carapace de fer. Mais les tournois ont bien davantage contribué à la naissance de l'héraldique avec son langage précis et ses règles strictes : un chevalier n'a qu'un blason qu'il transmet à son fils aîné, les puînés usant alors de variantes. Pour décrire les armoiries, il existe des termes spécifiques, issus du vieux français, qui utilisent des noms de métaux, d'émaux et de fourrures.

De sable à la
croix d'or ondée

Losangé d'argent
et de gueules

De sinople
au croissant d'or

DESSIN DE TISSU
La fleur de lys royale française figure sur le dessin de cette tunique, bien que les règles héraldiques interdisent de placer de l'or sur de l'argent. L'hermine de la doublure est aussi un symbole héraldique.

SYMBOLE DE FONCTION
Cet insigne de bras en cuivre appartenait à un membre de la suite de François de Lorraine, grand prieur des Hospitaliers de France de 1549 à 1563, dont il porte les armoiries.

PICHET ARMORIÉ
Toutes sortes d'objets étaient ornés d'armoiries qui apportaient un élément décoratif tout en indiquant le possesseur. Ce pichet, datant de 1500, porte un blason écartelé où figurent deux fois les armes d'une même famille.

D'azur à la fleur
de lys d'or

De gueules
à l'éperon
d'argent

PARCHEMIN ARMORIÉ
Les hérauts conservaient sur des parchemins les armoiries des participants à des tournois ou batailles. Le parchemin de Carlisle (Angleterre) porte les blasons des 277 chevaliers de la suite d'Edouard III qui y tournoyèrent en 1334.

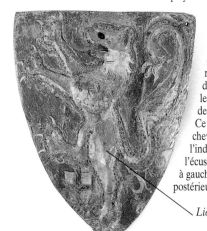

BOUCLIER DE CHEVALIER
Ce bouclier authentique, rare et précieux, datant du XIIIe siècle, est en bois recouvert de cuir estampé d'un lion rampant. Ce sont les armes du landgrave de Hesse en Allemagne. Ce seigneur était en outre chevalier teutonique, comme l'indique la croix noire sur l'écusson blanc situé en bas à gauche, entre les pattes postérieures du lion.

Lion rampant

Armes
de Cosme
de Médicis

POUR LE PLAISIR DES YEUX

Sur ce tableau du XVe siècle, les blasons des chevaliers sont alignés le long du bateau pour l'effet décoratif. Les bannières ornées d'armoiries étaient des points de ralliement pendant les batailles, tout comme les oriflammes et autres enseignes. Ici les armes royales de France apparaissent sur les étendards des trompettes.

ES ARMES E MÉDICIS

ette courte épée alienne (ou fauchon) orte les armes de osme de Médicis, remier grand-duc e Toscane. Le blason est ntouré du collier de ordre de la Toison 'or, l'un des ombreux ordres e chevalerie.

Pommeau en bronze doré coulé en forme de tête de lion

FAIRE IMPRESSION

Cette large bague en or est un sceau datant du XIVe siècle et son chaton gravé porte les armoiries de la famille de Grailly. En haut on lit « EID Gre », c'est-à-dire probablement : « ceci est le sceau de Jean de Grailly ». La gravure est faite à l'envers pour apparaître à l'endroit quand on la presse sur la cire chaude.

De gueules au
lion rampant d'or

D'or au lion
pourpre siégeant
à senestre

De gueules au
cygne d'argent

D'azur au
dauphin nageant
d'argent

D'or au dragon
rampant
de sinople

D'or à la herse
de pourpre

D'azur au soleil
rayonnant d'or

COTTE D'ARMES

Cette statue en cuivre de sir Thomas Blennerhasset ait apparaître ses armoiries sur son surcot ou cotte d'armes. Le modèle montré ici, appelé « tabard », est celui des hérauts de l'époque.

PLAT ESPAGNOL

Le blason du royaume espagnol de Castille représente un château, et celui de León un lion. Ce premier exemple d'écu écartelé (divisé en 4 quartiers) date de 1272. Repris sur ce plat espagnol de 1425, il est entouré de motifs arabes et ne représente pas les couleurs héraldiques traditionnelles.

PETIT DICTIONNAIRE	
Or	Jaune
Argent	Blanc
De gueules	Rouge
Azur	Bleu
Sable	Noir
Sinople	Vert
Purpure	Pourpre

LA CHASSE GARDÉE DU SEIGNEUR

Les rois et les seigneurs du Moyen Âge étaient passionnés par la chasse qui constituait un entraînement à la guerre tout en fournissant de la viande fraîche à une époque où l'élevage était peu développé. Les maîtres de la terre réservaient pour leurs chasses de vastes étendues de forêts, et malheur à ceux que l'on surprenait à braconner ! Les animaux nobles – cerfs, daims, sangliers – étaient ceux que l'on suivait à courre, tandis que les petites gens se contentaient du gibier à plumes et des lapins pris à la glu ou au collet. Parfois le seigneur organisait avec les paysans une battue au loup ou au sanglier qui ravageait les récoltes. L'animal était alors rabattu vers des chasseurs à l'affût, puis tiré à l'arc ou à l'arbalète et achevé à l'épieu. Originaire d'Orient et introduite en Europe vers le VIe siècle, la chasse au vol était réservée à la noblesse, car un faucon bien dressé valait une fortune.

DRESSA
Pour dresser un fauc
on fait tournoyer
leurre au bout d'u
longue corde, ce
l'attire et permet
fauconnier de récupé
son oise
On s'en s
aussi po
apprendr
au fauc
à s'élever
à fondre sur sa pro

*Goupille en aci
pour fixer
la crémaillère
permettant
d'armer l'arbal*

BÊTES NOBLES
Sur ce fragment d'arbrier d'une arbalète est gravée une chasse au cerf. Seuls les nobles avaient le droit de courir cet animal.

Arbrier en bois incrusté de bois de cerf poli et d'ivoire

Empennes en bois

PLUMES DE BOIS
Ces carreaux d'arbalète allemande datent de 1470. L'un d'eux a une empenne en bois et non pas en plumes comme il était d'usage.

CHASSE AU CERF
Cette épée de chasse allemande, de 1540, est gravée d'une scène de chasse au cerf. De telles épées servaient à la chasse et à la protection courante.

CHASSE AU LOUP
Pour la chasse au loup, on cachait des morceaux de viande dans un hallier après les avoir traînés par terre pour laisser une piste odoriférante. Des vigiles perchés dans les arbres annonçaient l'arrivée de la bête, ce qui donnait le signal pour lâcher les chiens. C'est ce que représente cette image tirée du *Livre de chasse* de Gaston Phébus.

UN ILLUSTRE FAUCONNIER
Certains seigneurs allaient jusqu'à garder leur faucon dans leur propre maison, et l'empereur d'Allemagne Frédéric II était si passionné de fauconnerie qu'il écrivit sur le sujet un traité, d'où est tirée cette image

Cerf rabattu vers des filets

Chiens pourchassant un cerf

Cor de chasse

Homme tirant un écureuil

Fauconnier

À LA CHASSE
Cette plaque allemande ou flamande de 1600, en argent, représente une chasse avec chiens, faucon et armes à feu. Un chien attrape un lièvre devant trois dames qui assistent au spectacle depuis leur voiture.

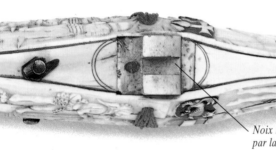

Noix relâchée par la gâchette

Fer triangulaire à barbelure

ENTRETIEN DE LA MEUTE
Les chiens de chasse exigeaient des soins constants. Gaston Phébus recommande d'utiliser des herbes médicinales pour leurs différentes maladies. Il fallait aussi soigner les pattes gonflées par les piqûres d'épine, remettre les épaules démises et réduire les fractures.

SUS À L'ANIMAL !
Les dames ne se contentaient pas toujours de la chasse au vol. Sur cette illustration de 1340, on voit une dame sonnant le cor et courant aux chiens.

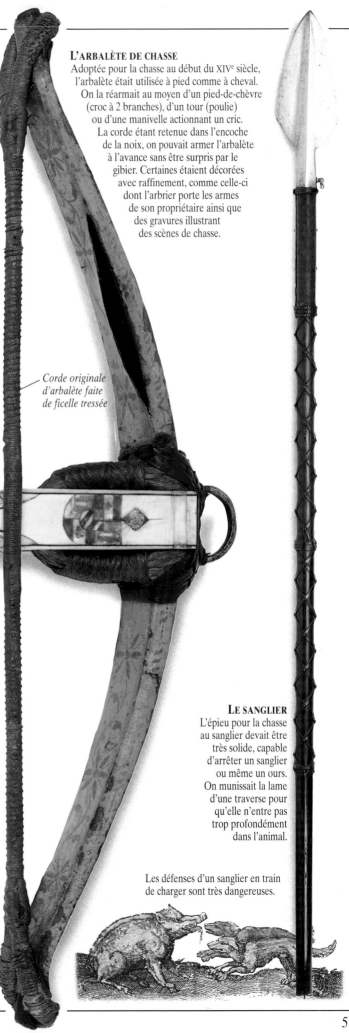

L'ARBALÈTE DE CHASSE
Adoptée pour la chasse au début du XIVe siècle, l'arbalète était utilisée à pied comme à cheval. On la réarmait au moyen d'un pied-de-chèvre (croc à 2 branches), d'un tour (poulie) ou d'une manivelle actionnant un cric. La corde étant retenue dans l'encoche de la noix, on pouvait armer l'arbalète à l'avance sans être surpris par le gibier. Certaines étaient décorées avec raffinement, comme celle-ci dont l'arbrier porte les armes de son propriétaire ainsi que des gravures illustrant des scènes de chasse.

Corde originale d'arbalète faite de ficelle tressée

LE SANGLIER
L'épieu pour la chasse au sanglier devait être très solide, capable d'arrêter un sanglier ou même un ours. On munissait la lame d'une traverse pour qu'elle n'entre pas trop profondément dans l'animal.

Les défenses d'un sanglier en train de charger sont très dangereuses.

DE L'ÉPÉE DU CHEVALIER AU BÂTON DE PÈLERIN

Au Moyen Âge, l'ensemble de l'Europe est catholique et l'Église joue un grand rôle dans la vie de chacun, de la naissance à la mort. Dès le règne de Charlemagne et plus encore à l'époque romane (XIᵉ-XIIᵉ siècles), fleurissent abbayes et monastères, fondés par les monarques ou les puissants seigneurs qui les entretiennent par de multiples donations en rémission de leurs péchés. Et il n'est pas rare de voir un seigneur devenir moine, après avoir guerroyé toute sa vie, dans l'espoir de gagner son salut. C'est le même repentir qui pousse les uns et les autres sur les routes de pèlerinages vers Saint-Pierre de Rome, Saint-Jacques-de-Compostelle ou Jérusalem, là où sont conservées les précieuses reliques qui guérissent et qui protègent.

HEUREUX PROPRIÉTAIRE
Ce médaillon représente Charles le Téméraire, duc de Bourgogne et propriétaire de la trompe de saint Hubert.

Flacon d'eau bénite

RÉCIPIENT À EAU
Pour se protéger du diable, les gens portaient de petites ampoules remplies d'eau bénite. Sur celle-ci figure saint Thomas Becket, assassiné à Canterbury en 1170 ; elle a probablement été achetée lors d'un pèlerinage.

CHEVALIER EN PRIÈRE
Les saints jouaient un rôle important dans la vie religieuse médiévale. Ce vitrail hollandais représente un chevalier de la maison Bernericourt priant devant une statue de Marie Madeleine.

CALICE EN ARGENT
On utilise un calice pendant la messe pour y mettre le vin consacré. Celui-ci, du début du XVIᵉ siècle, est finement décoré, montrant ainsi la richesse de l'Église. Il possède six médaillons représentant le Christ et des saints dont saint Jacques de Compostelle. Les pèlerins qui allaient à Compostelle portaient comme insigne une coquille Saint-Jacques.

Tête de saint

Insigne de pèlerinage : sainte Catherine sur une roue

Sceau en plomb où figurent la Vierge et l'enfant Jésus

LE SIGNE DE CROIX
Les gens portaient des insignes pour montrer qu'ils avaient fait tel ou tel pèlerinage. La croix est l'un des plus courants avec l'effigie de la Vierge et des saints. Les chevaliers l'arboraient volontiers à la garde de leur épée.

Au Moyen Age, les gens aimaient toucher ou même posséder des reliques de saints, ce qui donnait lieu à des trafics de fausses reliques. On dit que saint Hubert vit une croix briller entre les bois d'un cerf ; c'est ainsi qu'il devint le saint patron des chasseurs.

Pélican, symbole de piété

Saint Jean

La Vierge Marie

Le Christ crucifié

Saint Nicolas

ÊTRE PÈLERIN

Les pèlerins du Moyen Age visitaient Rome ou Compostelle, mais le but suprême était Jérusalem où le Christ a été crucifié. Ceux qui avaient accompli ce voyage long et périlleux portaient en signe distinctif une branche de rameau.

CONVERTIR À TOUT PRIX

L'Eglise du Moyen Age est une Eglise militante. Elle s'est donné pour but d'évangéliser de gré ou de force les peuples qui ne partagent pas sa foi. L'ordre des chevaliers teutoniques d'Europe orientale s'inscrit dans cet état d'esprit. On voit ici le frère Oderic recevoir une bénédiction avant de s'engager comme missionnaire. L'évangélisation fait aussi partie du programme des grands voyages de découverte.

« LES CONTES DE CANTERBURY »

Ce livre, écrit vers 1380 par Geoffrey Chaucer, met en scène un groupe de pèlerins en route vers le tombeau de Thomas Becket à Canterbury : un chevalier, son fils et un écuyer se joignent à eux et tous racontent des histoires en chemin pour passer le temps.

Geoffrey Chaucer

Le chevalier des *Contes*

CROIX DE PROCESSION

Cette croix italienne du XVᵉ siècle est en argent partiellement doré, avec des médaillons en émail. On y reconnaît la Vierge Marie, saint Jean, saint Nicolas et, tout en haut, un pélican, symbole de piété, car on lui attribuait le fait d'avoir donné son propre cœur à ses petits, à l'image du Christ mort pour nos péchés.

LA CROISADE DES PAUVRES
L'appel de Clermont avait suscité un immense élan de ferveur. Sous la conduite du prédicateur Pierre l'Ermite, des milliers de gens sans armes ni argent se mirent en route pour Jérusalem. L'expédition, mal organisée, était vouée à l'échec : elle fut écrasée par les Turcs en Anatolie (actuelle Turquie).

CROISÉS ESPAGNOLS
Les musulmans, appelés Maures, vécurent en Espagne dès le VIIIe siècle. Les armées chrétiennes commencèrent à les repousser vers le sud à partir du XIe siècle. Leur dernière place forte, Grenade, tomba en 1492. Les chrétiens furent aidés dans leur entreprise par les moines guerriers de l'ordre de Santiago.

LA VOIE MARITIME
D'Europe, il y avait deux routes pour aller en Terre sainte : la route terrestre, très dangereuse, et la traversée de la Méditerranée. Les bateaux furent souvent fournis par les cités-Etats de Venise, Pise et Gênes, soucieuses de s'ouvrir de nouvelles voies commerciales. Elles incitèrent les chefs de la 4e croisade à attaquer Constantinople.

LES MAMELUKS
Corps d'élite des armées turco-égyptiennes, les mameluks étaient recrutés parmi les esclaves. Un cavalier mameluk lourdement armé est représenté sur ce vase en bronze du XIIIe ou XIVe siècle. Il porte une armure composée de pièces de métal lacées ensemble et brandit le sabre courbe typique de l'armement musulman.

LA NOBLESSE PART EN CROISADE

Pendant le concile de Clermont, en 1095, le pape Urbain II appela tous les chevaliers chrétiens à aller reprendre les lieux saints de Jérusalem qui venaient de tomber aux mains des Turcs. Ce fut la première croisade. Une immense armée conduite par des chevaliers de France se réunit à Constantinople, après avoir traversé l'Europe à pied, et reprit Jérusalem en 1099. L'Occident chrétien s'enthousiasma pour cette victoire qui fut de courte durée puisque la Ville sainte fut reconquise peu après par les Turcs qui n'en délogèrent plus, hormis en 1228-1229 lors d'une trêve.

Les États de Terre sainte eurent plus longue vie : les chefs croisés s'installèrent sur les territoires conquis et y instaurèrent une culture brillante inspirée du système féodal où se mêlaient des apports orientaux. En 1291, la chute de Saint-Jean-d'Acre amorça le déclin de la présence occidentale en Orient mais l'esprit de croisade n'était pas mort : il se poursuivit en Espagne contre les Maures, puis au XVIe siècle contre les Turcs ottomans et contre tous les mouvements « hérétiques » que connut alors l'Europe.

Frise de couronnes

LE PRESTIGE DU ROI RICHARD
Les églises médiévales étaient parfois ornées de céramiques historiées. Celle-ci provient de l'abbaye de Chertsey (Angleterre). On y voit Richard Cœur de Lion, roi d'Angleterre, duc d'Aquitaine et de Normandie, qui fut l'un des chefs de la 3e croisade (1190).

Cavalier mameluk

Inscription arabe

UN SARRASIN
Les Sarrasins, montés sur des chevaux rapides, se servaient avec adresse de leur arc à contre-courbe. Ils portaient la cotte de mailles, plus rarement des pièces d'armure. Leur bouclier était rond, et leur sabre court, appelé cimeterre, était très redouté.

GUERRIER TURC
Ce plat italien orné d'un cavalier turc date de 1520. La menace turque pèse alors sur la Méditerranée : Constantinople, qui ne s'est jamais remise du pillage chrétien de la 4e croisade, vient de tomber aux mains des Ottomans et, depuis, les sultans ne cessent d'étendre leur domination sur l'Europe orientale.

COMBAT POUR LA FOI
Ce tableau du milieu du XIIIe siècle représente la bataille entre chrétiens et musulmans au siège de Damiette, à l'embouchure du Nil. L'artiste a habillé les musulmans, à droite, comme les chrétiens.

PLACES FORTES DE TERRE SAINTE
Comme chez eux, les croisés en Terre sainte construisirent des châteaux en pierre en s'inspirant néanmoins de l'architecture locale. Le plus bel exemple en est le Krak des chevaliers, construit en Syrie par l'ordre des Hospitaliers au XIIe siècle.

LE CHEVALIER AUX JAMBES CROISÉES
Ce gisant sculpté à la fin du XIIIe siècle est celui du chevalier anglais sir John Holcombe qui mourut de ses blessures lors de la 2e croisade (1147-1149). On a pensé que la position des jambes indiquait une influence orientale mais il s'agit plutôt d'un parti pris du sculpteur.

L'ÉPÉE ET LA CROIX : LES MOINES SOLDATS

Dès 1050, un hospice fut fondé à Jérusalem pour soigner et héberger les pèlerins. Au début du XIIᵉ siècle, les moines bénédictins qui le desservaient créèrent un ordre autonome : les hospitaliers de Saint-Jean de Jérusalem. Parmi eux, des frères chevaliers s'engagèrent dans la lutte contre les musulmans. À la même époque naquit un second ordre guerrier, les templiers, qui se chargeaient de la sécurité des convois de pèlerins. Enrichis par le flux incessant des donations, ils devinrent vite les banquiers des croisades successives. Lorsque la chute de Saint-Jean-d'Acre (1291) eut chassé les chrétiens de Terre sainte, les templiers, trop puissants, perdirent le soutien des souverains, et l'ordre fut dispersé en 1312. Les hospitaliers continuèrent leur lutte en Méditerranée. Quant à l'ordre militaire des chevaliers teutoniques, fondé à Jérusalem en 1198, il entreprit la conversion des Slaves d'Europe orientale.

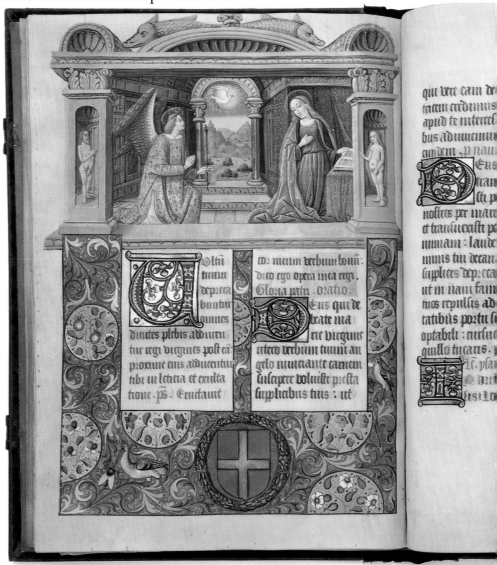

Position originale du bec verseur

MAJOLIQU
Tel est le nc de cette poter vernissée à fo blanc sel un procédé décou au XVᵉ siècle par l artisans de Majorque. L hospitaliers s'en servaie comme cruche médicina car, malgré leur vocatic guerrière, leur premiè mission restait les so aux malad

L'HÔPITAL
Les hospitaliers, ou chevaliers de Saint-Jean, se fixèrent à Malte. Cette gravure représente certains d'entre eux au chevet des malades dans leur hôpital à La Valette.

MORTIER EN BRONZE
Ce mortier servait à broyer les ingrédients pour faire des médicaments.

56

LES TEMPLIERS AU BÛCHER

Après la conquête des Lieux saints par les chrétiens, les templiers devinrent puissants. Le roi Philippe IV le Bel, fit brûler leur grand maître, Jacques de Molay, en 1314, pour s'approprier leurs richesses, et le pape interdit l'ordre dans toute l'Europe.

PERSISTANCE DE L'ESPRIT DE CROISADE

Après la chute des Etats chrétiens de la Terre sainte, les hospitaliers se retranchèrent à Chypre, puis, en 1310, à Rhodes où ils durent affronter les musulmans. Leur persévérance dans la lutte leur permit d'échapper au sort des templiers, bien que leurs richesses eussent été comparables.

LE SCEAU DU GRAND MAÎTRE

Chaque ordre avait à sa tête un grand maître. Ce sceau est celui de Raymond de Bérenger, grand maître des hospitaliers de 1363 à 1374.

CROIX DE PROCESSION

Fabriquée au début du XVIe siècle, cette croix est en chêne recouvert d'argent. Dans chaque médaillon figure un des quatre évangélistes. Elle appartint à Pierre Decluys, grand prieur des hospitaliers de France de 1522 à 1535, dont les armes figurent aux pieds du Christ. Tous les ordres militaires avaient des commanderies ou des prieurés chargés de fournir argent et recrues.

LE SERVICE DE DIEU

Comme tout ordre monastique, les moines-guerriers étaient soumis à des règles strictes : les hospitaliers suivaient la règle de saint Benoît, tandis que les templiers étaient affiliés aux cisterciens de saint Bernard. Ils devaient lire la Bible et assister aux offices. Des bréviaires tels que celui-ci contenaient les prières de chaque jour.

CHEVALIER DU TEMPLE

Les templiers portaient une cotte blanche frappée d'une croix rouge. Cette fresque du XIIe siècle se trouve dans l'église des Templiers, à Cressac.

UN ORDRE EXIGEANT

Pour être chevalier de Saint-Jean, il fallait savoir se battre et accepter les exigences de la vie monacale : renoncer aux biens, au monde et aux plaisirs. Nombreux étaient les appelés qui prononcèrent leurs vœux sur ce missel du XVe siècle provenant de Rhodes.

BOUTEILLE D'EAU

Dans la chaleur méditerranéenne des routes de pèlerinage vers la Terre sainte, il faisait bon avoir une bouteille d'eau, comme celle-ci, qui porte la croix de l'ordre de Saint-Jean. Elle est en métal et date de 1500.

AU PAYS DU SOLEIL LEVANT : LES SAMOURAÏS

Comme dans l'Europe médiévale, il existait au Japon une société hiérarchisée qui fonctionnait à l'égal de notre système féodal. La caste guerrière était constituée par les samouraïs, combattants à cheval au service des grands seigneurs qui les récompensaient en les dotant de terres. Depuis fort longtemps, le Japon était gouverné par un empereur, mais, après 1180-1185, le pouvoir réel passe dans les mains d'un généralissime, le shogun. À partir de 1550, le pays se trouve divisé en plusieurs royaumes. En 1543, l'arrivée des Portugais, qui introduisent les armes à feu, donne naissance aux premières armées professionnelles. La date de 1615 marque la dernière bataille livrée par les samouraïs.

CASQUE ET PROTECTION FACIALE
Les casques, comme celui-ci, du XVIIᵉ siècle, portent souvent des moustaches. Le cou est protégé par des plates d'acier laquées et nouées par des rubans de soie. Dans le climat humide du Japon, la laque évite la rouille.

PREMIÈRE ARMURE
Cette armure du XIIᵉ siècle est la grande armure du style *o-yoroi*. Les samouraïs qui la portaient étaient principalement des archers à cheval. La pièce principale est une plate attachée sur la poitrine, sur laquelle viennent se nouer, avec de la soie ou du cuir, une multitude de petites plaques laquées.

COMBAT DE SAMOURAÏS
Ces deux samouraïs se battent à pied, ce qui devient de plus en plus fréquent à partir du XIVᵉ siècle. Cette évolution vers le combat au sabre courbe entraîna aussi une modification de l'armure pour permettre une très grande agilité.

LE SAMOURAÏ ET SES ARMES
Le samouraï attachait beaucoup de prix à ses sabres. Ce dessin imprimé du XIXᵉ siècle représente l'un deux brandissant le sabre long tandis que le court est passé dans sa ceinture, le tranchant vers le haut, prêt à frapper dès qu'il sort du fourreau.

Tranchant en acier trempé

LES DEUX SABRES
Le samouraï portait une paire de sabres ou *daisho* : le sabre long, *katana*, logé dans un fourreau en bois, *saya*, et le sabre court, *wakizashi*, passé dans la ceinture. La fusée, *tsuka*, du sabre long est couverte de peau de requin pour éviter que la main ne glisse, et la garde, *tsuba*, est une simple rondelle de cuivre ; à l'autre extrémité de la fusée, apparaît la calotte de pommeau, *kashira*.

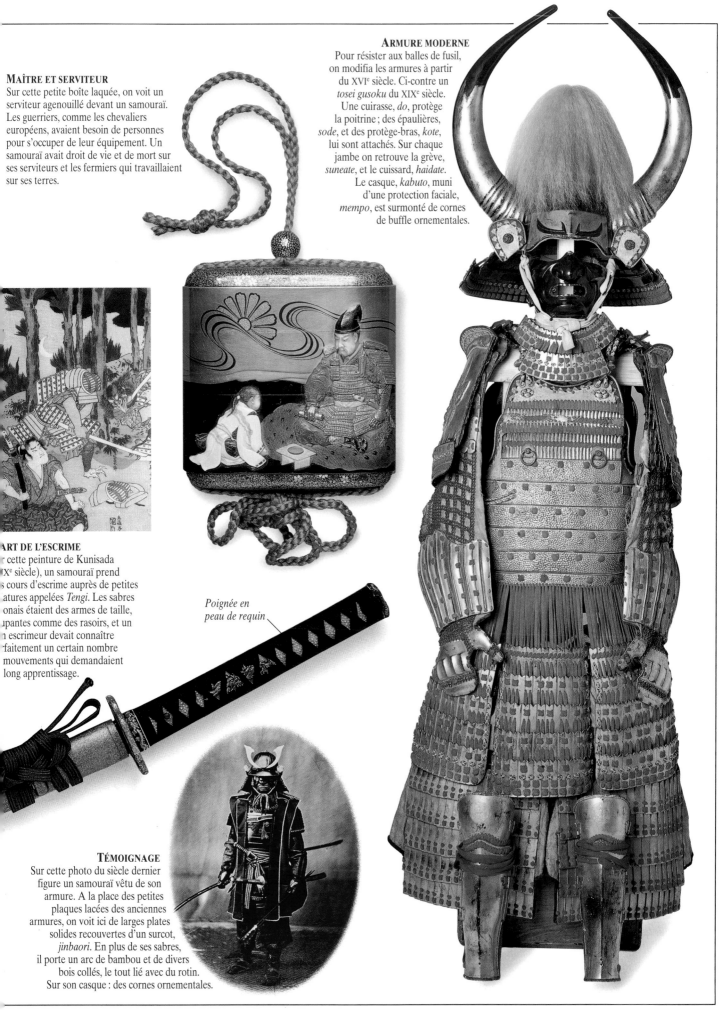

MAÎTRE ET SERVITEUR
Sur cette petite boîte laquée, on voit un serviteur agenouillé devant un samouraï. Les guerriers, comme les chevaliers européens, avaient besoin de personnes pour s'occuper de leur équipement. Un samouraï avait droit de vie et de mort sur ses serviteurs et les fermiers qui travaillaient sur ses terres.

ARMURE MODERNE
Pour résister aux balles de fusil, on modifia les armures à partir du XVIe siècle. Ci-contre un *tosei gusoku* du XIXe siècle. Une cuirasse, *do*, protège la poitrine ; des épaulières, *sode*, et des protège-bras, *kote*, lui sont attachés. Sur chaque jambe on retrouve la grève, *suneate*, et le cuissard, *haidate*. Le casque, *kabuto*, muni d'une protection faciale, *mempo*, est surmonté de cornes de buffle ornementales.

ART DE L'ESCRIME
r cette peinture de Kunisada
IXe siècle), un samouraï prend
s cours d'escrime auprès de petites
atures appelées *Tengi*. Les sabres
onais étaient des armes de taille,
upantes comme des rasoirs, et un
escrimeur devait connaître
faitement un certain nombre
mouvements qui demandaient
long apprentissage.

Poignée en peau de requin

TÉMOIGNAGE
Sur cette photo du siècle dernier figure un samouraï vêtu de son armure. A la place des petites plaques lacées des anciennes armures, on voit ici de larges plates solides recouvertes d'un surcot, *jinbaori*. En plus de ses sabres, il porte un arc de bambou et de divers bois collés, le tout lié avec du rotin. Sur son casque : des cornes ornementales.

LES MERCENAIRES FONT PARLER LA POUDRE

Dans le feu de la bataille, les escadrons de cavaliers, même lourdement armés, ne parvenaient par à percer les rangs serrés d'une infanterie bien disciplinée. Vers 1500, les fantassins prirent donc une place prépondérante dans les armées, au détriment de la cavalerie. Dès le siècle précédent, en Allemagne, les lansquenets, ou fantassins armés, étaient passés maîtres dans l'art de manier la pique et l'arquebuse, tout comme leurs voisins, les Suisses. Cette évolution technique allait de pair avec une transformation profonde du recrutement : le service militaire féodal était peu à peu remplacé par une aide financière qui servait à payer des soldats de métier, renforcés le cas échéant par des contingents de mercenaires. Ainsi, les chevaliers cessaient progressivement d'être les maîtres de la guerre...

Visière à soufflet

LE MÉTAL VEUT SE FAIRE VELOURS
A la fin du XVe siècle les Suisses et les Allemands adoptent des armures de plus en plus voyantes avec manches bouffantes et « crevés » (fentes dans le tissu laissant apparaître une doublure de couleur différente). Sur cette armure allemande de 1520 les crevés sont dorés et les intervalles gravés à la manière du velours.

Poignée recouverte de bois et de cu

Garde

Intervalle recouvert de cuir

Fausse garde

Tranchant ondé

L'APPARITION DE LA POUDRE
Les fantassins suisses de la fin du XVe siècle employaient l'arquebuse à mèche et le canon monté sur roues. Ils combattaient aux côtés des célèbres piquiers, qui formaient la base de l'armée suisse depuis longtemps.

Bandes métalliques protégeant l'intérieur du coude

L'ÉPÉE ÉVOLU
Les épées de ce type étaient très utiles pour couper le haut des piques ennemies. Au-dessus de la garde, une partie de la lame est recouverte de cuir pour qu'on puisse tenir l'épée d'une seule main. La poignée, très longue, permet une préhension à deux mains. Il s'agit ici d'une épée de cérémonie de 1600.

Protection en mailles

Décor du métal imitant des crevés

CAPRICE DE LA MODE
Ce lansquenet allemand des années 1520 porte une armure incomplète avec une gorgerette en mailles pour protéger le cou et une culotte bouffante à « crevés ». Il est armé d'une épée à deux mains, et d'une autre, plus courte.

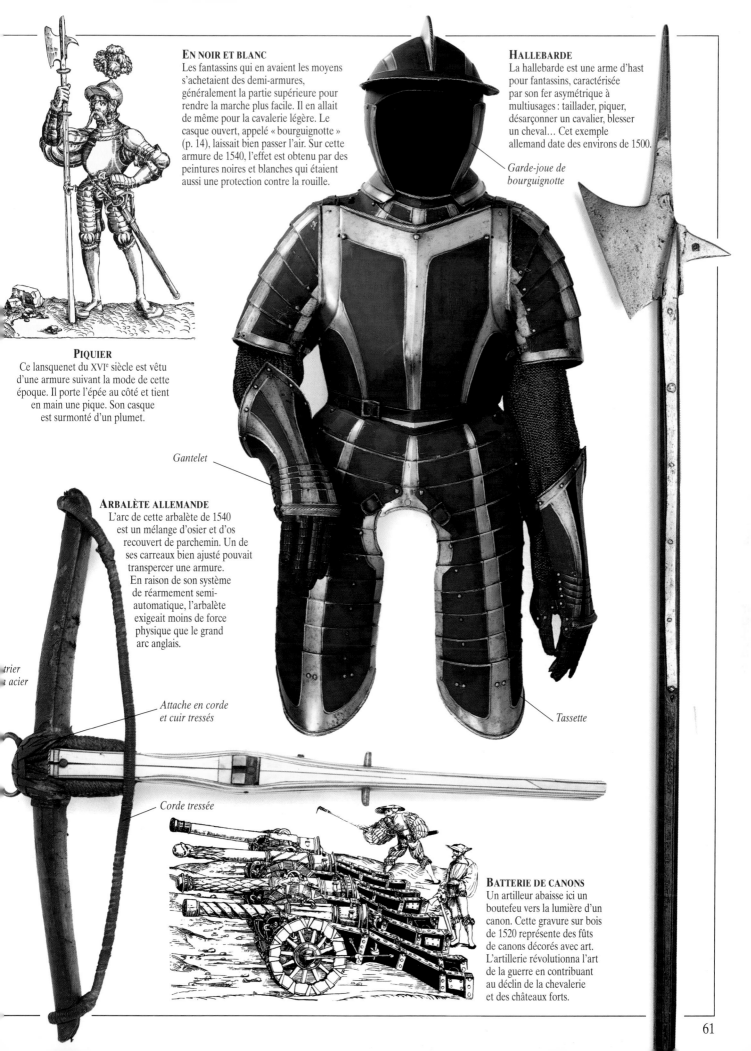

EN NOIR ET BLANC

Les fantassins qui en avaient les moyens s'achetaient des demi-armures, généralement la partie supérieure pour rendre la marche plus facile. Il en allait de même pour la cavalerie légère. Le casque ouvert, appelé « bourguignotte » (p. 14), laissait bien passer l'air. Sur cette armure de 1540, l'effet est obtenu par des peintures noires et blanches qui étaient aussi une protection contre la rouille.

HALLEBARDE

La hallebarde est une arme d'hast pour fantassins, caractérisée par son fer asymétrique à multiusages : taillader, piquer, désarçonner un cavalier, blesser un cheval… Cet exemple allemand date des environs de 1500.

Garde-joue de bourguignotte

PIQUIER

Ce lansquenet du XVIᵉ siècle est vêtu d'une armure suivant la mode de cette époque. Il porte l'épée au côté et tient en main une pique. Son casque est surmonté d'un plumet.

Gantelet

ARBALÈTE ALLEMANDE

L'arc de cette arbalète de 1540 est un mélange d'osier et d'os recouvert de parchemin. Un de ses carreaux bien ajusté pouvait transpercer une armure. En raison de son système de réarmement semi-automatique, l'arbalète exigeait moins de force physique que le grand arc anglais.

trier
a acier

Attache en corde et cuir tressés

Tassette

Corde tressée

BATTERIE DE CANONS

Un artilleur abaisse ici un boutefeu vers la lumière d'un canon. Cette gravure sur bois de 1520 représente des fûts de canons décorés avec art. L'artillerie révolutionna l'art de la guerre en contribuant au déclin de la chevalerie et des châteaux forts.

61

LE DÉCLIN DES ARMES BLANCHES

Supplantées par les armes à feu portatives, les armes blanches disparurent peu à peu des champs de bataille, mais figurèrent longtemps encore dans les parades et les processions, comme cette pertuisane (sorte de hallebarde) allemande de 1690.

CHEVALIERS POUR MÉMOIRE

Puis vint le temps où les chevaliers préférèrent vivre sur leurs terres en laissant à d'autres le soin de guerroyer. Au XVIIIᵉ siècle, la guerre appartient désormais aux soldats de métier, fantassins et mercenaires d'origine modeste. Les chevaliers y figurent encore, le plus souvent comme officiers à cheval, mais la cavalerie n'est plus l'élite des armées. Être chevalier devient alors un titre honorifique que le roi donne à ceux qu'il veut récompenser. À mesure que la chevalerie perd sa présence réelle, son image idéale se renforce, entretenue par des mythes héroïques tels que celui du roi Arthur. Au XIXᵉ siècle, les écrivains romantiques, passionnés de ruines médiévales et de combats épiques, sauront à leur tour faire revivre la mémoire de la chevalerie médiévale

Crosse

Longue tassette

L'ÉVOLUTION DE L'ARMURE

Cette armure italienne présente un décor exceptionnellement riche, comparée aux autres exemples du XVIIᵉ siècle. Les progrès de l'artillerie ont entraîné une évolution des armures : les plaques sont plus épaisses, donc plus lourdes, mais l'augmentation de poids est compensée par la disparition des jambières que remplacent des bottes en cuir. Les derniers chevaliers ainsi armés furent appelés des cuirassiers.

Genouillère amovible

La calotte de crosse pouvait servir de massue.

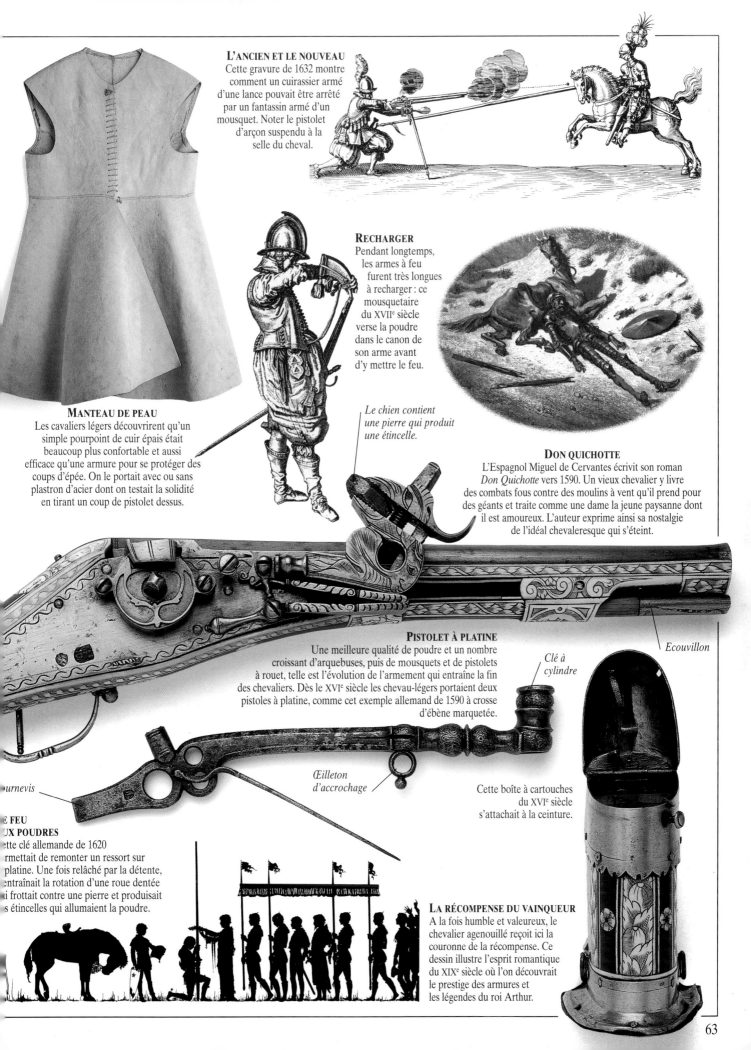

L'ANCIEN ET LE NOUVEAU
Cette gravure de 1632 montre comment un cuirassier armé d'une lance pouvait être arrêté par un fantassin armé d'un mousquet. Noter le pistolet d'arçon suspendu à la selle du cheval.

RECHARGER
Pendant longtemps, les armes à feu furent très longues à recharger : ce mousquetaire du XVIIᵉ siècle verse la poudre dans le canon de son arme avant d'y mettre le feu.

MANTEAU DE PEAU
Les cavaliers légers découvrirent qu'un simple pourpoint de cuir épais était beaucoup plus confortable et aussi efficace qu'une armure pour se protéger des coups d'épée. On le portait avec ou sans plastron d'acier dont on testait la solidité en tirant un coup de pistolet dessus.

Le chien contient une pierre qui produit une étincelle.

DON QUICHOTTE
L'Espagnol Miguel de Cervantes écrivit son roman *Don Quichotte* vers 1590. Un vieux chevalier y livre des combats fous contre des moulins à vent qu'il prend pour des géants et traite comme une dame la jeune paysanne dont il est amoureux. L'auteur exprime ainsi sa nostalgie de l'idéal chevaleresque qui s'éteint.

PISTOLET À PLATINE
Une meilleure qualité de poudre et un nombre croissant d'arquebuses, puis de mousquets et de pistolets à rouet, telle est l'évolution de l'armement qui entraîne la fin des chevaliers. Dès le XVIᵉ siècle les chevau-légers portaient deux pistoles à platine, comme cet exemple allemand de 1590 à crosse d'ébène marquetée.

Clé à cylindre

Ecouvillon

Œilleton d'accrochage

...urnevis

Cette boîte à cartouches du XVIᵉ siècle s'attachait à la ceinture.

...E FEU
...UX POUDRES
...tte clé allemande de 1620 ...rmettait de remonter un ressort sur ...platine. Une fois relâché par la détente, ...ntraînait la rotation d'une roue dentée ...i frottait contre une pierre et produisait ...s étincelles qui allumaient la poudre.

LA RÉCOMPENSE DU VAINQUEUR
A la fois humble et valeureux, le chevalier agenouillé reçoit ici la couronne de la récompense. Ce dessin illustre l'esprit romantique du XIXᵉ siècle où l'on découvrait le prestige des armures et les légendes du roi Arthur.

LE SAVIEZ-VOUS ?

DES INFORMATIONS PASSIONNANTES

L'expression « monter sur ses grands chevaux » signifie le prendre de haut. Cette expression date du Moyen Âge, époque à laquelle les chevaliers faisaient la guerre avec de puissants chevaux appelés destriers ; hors du champ de bataille, ils chevauchaient de beaux coursiers. Les gens du peuple allaient à pied, à dos d'âne ou de mulet.

Le trébuchet était une machine servant à lancer des pierres pour abattre les murailles de la place forte assiégée. Parfois étaient projetés des objets fort déplaisants : têtes tranchées des assiégés, excréments ou animaux morts, susceptibles de propager des maladies.

Krak des Chevaliers

Cheval de combat appelé destrier

Chevalier en selle

L'ordre des Templiers tient son nom du fait qu'il était établi à proximité de l'ancien Temple juif, à Jérusalem.

Le roi Richard Ier, dit Cœur de Lion, régna sur l'Angleterre, la Normandie et l'Aquitaine de 1189 à 1199 et fut à de nombreux égards un chevalier modèle quoique sanguinaire. Combattant héroïque, il se montra attaché à l'idéal de la chevalerie. Sur son lit de mort, il aurait même pardonné à l'arbalétrier qui l'avait mortellement blessé de sa flèche.

Le krak des Chevaliers, en Syrie, est un château fort construit par les croisés au XIIe siècle. Des hospitaliers (moines soldats) défendaient les voies de pèlerinage des environs contre les chefs musulmans de la région. Le krak possédait un moulin à vent pour moudre le grain, un aqueduc et neuf réservoirs pour l'approvisionnement en l'eau.

Les pèlerins du Moyen Âge portaient un insigne sur leur chapeau pour indiquer qu'ils étaient les « marcheurs de Dieu ».

En 1212, en France et en Allemagne, des milliers d'enfants se regroupent pour aller en Terre sainte. Ils n'atteindront jamais leur but et seront dispersés avant de prendre la mer.

Lors d'un siège, les assiégés se défendaient en lançant à la tête de leurs assaillants de l'eau bouillante, du sable brûlant, des pierres ou de la chaux vive. Mais l'huile bouillante des films et des bandes dessinées est rarement mentionnée dans les chroniques anciennes : l'huile était rare et chère !

Bras en bois pivotant

Poche de la fronde

Les échelles permettaient d'escalader les murailles de la ville.

Trébuchet

Les escaliers à vis étaient courants dans les châteaux moyenâgeux. Ils tournaient généralement dans le sens des aiguilles d'une montre. Ainsi, la tâche de l'assaillant était compliquée, car, lorsque celui-ci combattait en gravissant les marches, son arme (tenue dans sa main droite) heurtait constamment l'axe central des escaliers.

L'armure des samouraïs se composait de plaques en fer liées avec de la soie ou du cuir. Le Japon étant un pays humide, ces plaques étaient laquées, afin de les garder de la rouille.

L'insigne des Templiers figurait deux chevaliers chevauchant un même cheval. Il symbolisait ainsi leur état de pauvreté originel.

Siège de Jérusalem par les croisés en 1099

QUESTIONS/RÉPONSES

Que signifie le terme chevalerie ?

Le mot chevalier apparut au XIIᵉ siècle pour désigner simplement un combattant à cheval. La chevalerie signifiait alors l'ensemble des guerriers nobles, la classe sociale dont étaient issus les chevaliers. Puis le terme chevalerie s'appliqua aussi aux qualités idéales propres à un chevalier, comme la courtoisie, la bravoure et l'honneur.

Les tournois étaient-ils dangereux ?

Le tournoi fut d'abord une bataille simulée destinée à l'entraînement des chevaliers qui pouvaient y montrer leur bravoure et leur habileté sous l'œil admiratif des dames. Comme les armes ne furent pas tout de suite « courtoises » (émoussées), il n'était pas sans danger. Pour preuve, au cours d'un tournoi, à Cologne, en Allemagne, plus de 60 chevaliers furent tués.

Qu'arrivait-il aux chevaliers vaincus ?

Lorsqu'un chevalier en battait un autre au cours d'une bataille, il ne le tuait pas nécessairement. En effet, le vaincu avait parfois plus de valeur vivant que mort, si sa famille pouvait payer une rançon en échange de sa liberté. Le prisonnier restait alors à la merci du vainqueur jusqu'au versement de la somme exigée !

Y a-t-il encore des chevaliers aujourd'hui ?

Les chevaliers vêtus d'armure n'existent plus que dans les musées, mais il existe encore des ordres dits de chevalerie dans certains pays. Au Royaume-Uni, le titre de chevalier *(sir)* est accordé à un sujet britannique par le souverain en récompense d'un grand service rendu à son pays, de même en France, les autorités politiques peuvent récompenser quelqu'un en le faisant chevalier de la Légion d'honneur.

Scène de tournoi médiéval

Quel est le plus ancien château fort en France ?

Le plus ancien château de pierre conservé en France est celui de Langeais (Indre-et-Loire) construit en 994 ou 1017 sous l'autorité du puissant comte d'Anjou Foulques III Nerra. Celui de Doué-la-Fontaine (Maine-et-Loire) comporte des vestiges non fortifiés de l'époque carolingienne : au tout début du Xᵉ siècle, il appartenait au comte Robert d'Angers qui allait devenir roi de France. Ces deux édifices ont été renforcés vers 1100 : on a doublé l'épaisseur des murs, posé des contreforts et placé la porte au premier étage.

Qu'est-ce que les croisades ?

Les croisades sont des expéditions militaires, souhaitées par le pape pour occuper les chevaliers et menées par les royaumes chrétiens d'Europe pour « délivrer » les Lieux saints de Palestine et assurer la protection des pèlerins chrétiens. Cette région était alors musulmane. La plupart des huit principales croisades échouèrent. Elles commencèrent en 1095 et finirent en 1270. C'est lors de la dernière que le roi de France Saint Louis mourut de la peste sous les murs de Tunis.

QUELQUES RECORDS

 LA PLUS LONGUE CHEVAUCHÉE EN ARMURE
Dick Brown effectua la plus longue chevauchée en armure, soit 335 km. Il quitta Édimbourg le 10 juin 1989 et parvint à Dumfries quatre jours plus tard. Son aventure dura exactement 35 h et 25 min.

 LE COMBAT DES TRENTE
En 1350, suite à un défi, trente chevaliers français décidèrent d'affronter trente chevaliers bretons et anglais pour faire parler d'eux dans les cours et les châteaux. À l'issue de la journée, la moitié d'entre eux gisaient sur le sol mais leur bravoure est restée célèbre. Les Français furent victorieux.

LE ROI LE PLUS CHER
Quand Richard Cœur de Lion fut capturé par le duc d'Autriche en 1192, ses vassaux d'Angleterre, de Normandie et d'Aquitaine durent rassembler une rançon de 150 000 marcs d'argent, une somme colossale, équivalente à plusieurs millions d'euro.

Un château en construction, scène extraite de la tapisserie de Bayeux.

QUELQUES DATES

Les premiers chevaliers étaient des guerriers à cheval qui combattaient pour leur seigneur et contrôlaient les populations alentour au sein d'une Europe du IXe siècle où régnait le désordre. Au XIe siècle, ces chevaliers en armure formaient une nouvelle classe sociale ; c'est alors qu'apparut une véritable tradition de l'honneur chevaleresque et de l'apparat. Au XVIe siècle, les chevaliers laissèrent le soin de guerroyer à des soldats de métier, armés de piques et d'arquebuses. Il exista également des chevaliers au Japon, et leur modèle essaima dans de nombreux autres pays.

Templier   Hospitalier

781-814 CHARLEMAGNE EMPLOIE DES COMBATTANTS À CHEVAL
Charlemagne, roi des Francs, conquiert une grande partie de la France actuelle, de l'Allemagne, des Pays-Bas et de l'Italie en employant dans son armée de nombreux cavaliers. Ces guerriers recevaient une terre en récompense et paiement de leurs services.

800 CHARLEMAGNE EST COURONNÉ EMPEREUR
Le jour de Noël de l'an 800, Charlemagne est couronné empereur d'Occident par le pape à Rome. Ses successeurs en Allemagne créent en 962 le Saint Empire romain germanique qui durera près de mille ans.

814 MORT DE CHARLEMAGNE
Après la mort de Charlemagne, son empire se divise. Le pouvoir glisse alors peu à peu entre les mains des seigneurs locaux qui possèdent armes et chevaux. Ils assurent la protection des paysans en échange de leur soumission. C'est la naissance du système féodal, qui va s'épanouir en Europe occidentale.

VERS 850, LES PREMIERS CHÂTEAUX
Les premiers châteaux, en terre et en bois, les mottes féodales, sont bâtis dans le nord-ouest de la France pour protéger les seigneurs de leurs ennemis et les défendre, avec leurs sujets, contre, notamment, les attaques des Vikings. Plus tard, les châteaux seront construits en pierre ou en brique.

911 FONDATION DE LA NORMANDIE
Le roi de France Charles le Simple offre un territoire aux Vikings afin qu'ils cessent d'envahir son pays. Ce territoire sera appelée la Normandie, ou « pays des hommes du Nord ».

VERS L'AN 1000, LES CHEVALIERS, UNE NOUVELLE CLASSE
Une nouvelle classe sociale, celle des chevaliers, fait son apparition en Europe occidentale. Ces chevaliers sont au service d'un seigneur qui leur cède peu à peu des terres où travaillent des paysans. Le revenu de la terre leur permet de vivre et payer le cheval et l'armure : un haubert de mailles qui vaut à lui seul plusieurs chevaux.

VERS L'AN 1000, LES ÉCUYERS
Les très jeunes hommes qui aspirent à la chevalerie entrent au service d'un chevalier en tant qu'écuyer. Au début, c'est un serviteur d'origine modeste. Par la suite, les écuyers seront de jeunes nobles.

VERS L'AN 1000, LES PREMIERS TOURNOIS
Le tournoi est à l'origine une bataille simulée, dans un grand pré, où se mêlent cavaliers et fantassins. C'est une forme d'entraînement militaire.

1066 LES NORMANDS DÉBARQUENT EN ANGLETERRE
Le duc Guillaume de Normandie, prétendant au trône d'Angleterre, débarque dans ce pays, puis vainc et tue le roi Harold à la bataille d'Hastings. Devenu roi, Guillaume introduit le système féodal en Grande-Bretagne et y bâtit de nombreux châteaux de pierre.

1095 DÉBUT DES CROISADES
Le pape Urbain II appelle les chrétiens à prendre aux musulmans les Lieux saints de Jérusalem. Nombreux sont les chevaliers qui participent à cette première croisade, laquelle se conclut par une victoire (1099). Sept autres grandes croisades auront lieu pour déloger les Turcs qui ont repris Jérusalem, mais en vain. En 1291, la chute de Saint-Jean-d'Acre, en Palestine, sonnera le déclin de la présence occidentale en Orient.

1118 FONDATION DE L'ORDRE DES TEMPLIERS À JÉRUSALEM
Des chevaliers français en Terre sainte créent un ordre militaire et religieux, celui des chevaliers du Temple. D'autre part, des religieux et des chevaliers, voués au service des pèlerins et des malades, fondent l'ordre des Hospitaliers.

Haubert (longue tunique de mailles)

Chevalier normand

XIIe SIÈCLE UNE MEILLEURE PROTECTION
Le haubert (tunique de mailles) s'étend aux bras et aux jambes du chevalier.

XIIe SIÈCLE LE CODE DE LA CHEVALERIE
Un code de l'honneur est adopté par l'ensemble des chevaliers. Il leur est enjoint de se comporter avec courtoisie et loyauté envers leurs ennemis, et de faire preuve d'une particulière élégance envers les dames.

XIIe SIÈCLE NAISSANCE DE L'HÉRALDIQUE
Les signes ornant les boucliers commencent à devenir un langage codé, l'héraldique, qui permet d'identifier un chevalier par ses armoiries.

Javelot, dont la hampe est en bois et la pointe en fer

Guerriers vikings

XIIᵉ SIÈCLE NOUVELLES MACHINES DE SIÈGE

Les trébuchets, engins de siège à contrepoids articulé et munis d'une fronde, font leur apparition en Europe occidentale. Ils complètent les armes existantes, tels les catapultes, les béliers et les balistes (énormes arbalètes de siège) utilisés lors des attaques de châteaux.

1185 LE SHOGUN AU JAPON

La classe guerrière des chevaliers ou samouraïs obéit au shogun, un chef militaire qui détient le pouvoir réel, même si l'empereur reste le souverain officiel du Japon.

1189-1199 RICHARD Iᵉʳ

Richard Cœur de Lion, roi d'Angleterre, était considéré comme l'incarnation parfaite de l'idéal chevaleresque, bien qu'il fût un chef sanguinaire lors des croisades auxquelles il participa.

1190 LES CHEVALIERS TEUTONIQUES

Les croisés allemands fondent un ordre militaire et religieux, celui des chevaliers Teutoniques. Par la suite, ses membres se consacreront à la conquête de la Pologne et des régions baltes ainsi qu'à la conversion forcée au christianisme des populations de ces régions.

XIIIᵉ SIÈCLE L'ÉPOQUE DES TROUBADOURS

En pays d'Oc (sud de la France), les troubadours et les ménestrels composent et chantent les poèmes d'amour courtois et les romans de chevalerie. Les légendes concernant le roi Arthur et les chevaliers de la Table ronde se propagent en Europe occidentale.

XIIIᵉ SIÈCLE PLUS DE CHEVAUX

La plupart des chevaliers possèdent alors au moins deux destriers pour combattre, un coursier pour la chasse et les voyages, un cheval rapide pour les joutes, et un cheval de charge ou de somme pour porter leur bagage, ainsi qu'un palefroi pour les processions et cérémonies.

XIIIᵉ SIÈCLE DES TOURNOIS MOINS DANGEREUX

Les armes « courtoises » (émoussées) sont désormais utilisées lors des tournois, afin de les rendre moins sanglants. Une nouvelle forme d'exercice guerrier, la joute, fait son apparition. Il s'agit d'un duel à cheval où deux combattants, armés d'une lance émoussée, s'élancent l'un contre l'autre dans le but de se désarçonner.

XIIIᵉ SIÈCLE LE COÛT DE LA CHEVALERIE AUGMENTE

La cérémonie de l'adoubement devient si chère que de nombreux jeunes gens renoncent à devenir chevaliers. Cela ne les empêche pas de mener une carrière militaire.

VERS 1280 L'ÉPÉE ÉVOLUE

L'épée d'estoc, à pointe acérée, devient la principale arme de combat des chevaliers. Bien mieux que l'épée à double tranchant, moins courante, elle perce les jointures des armures que portent désormais les combattants.

XIVᵉ SIÈCLE L'ARMURE DE PLATES

Les chevaliers ajoutent des plates métalliques à leur haubert de mailles, afin de protéger bras et jambes. Sous cette protection, ils portent le gambison, un vêtement matelassé.

XIVᵉ SIÈCLE L'APPARITION DU CANON

Le canon apparaît sur les champs de bataille et remplace les mangonneaux, les catapultes et autres machines de jet utilisées lors des sièges.

XIVᵉ SIÈCLE LES JOUTES À PIED

Le combat à l'épée entre deux chevaliers à pied gagne en popularité dans les tournois. Les adversaires ont le droit de porter un nombre de coups déterminé. Vers 1400, ce type de combat prend une forme plus compliquée : outre l'épée, on emploie le javelot, la hache, la pique…

XIVᵉ SIÈCLE FANTASSINS CONTRE CHEVALIERS

En 1302, à Courtrai (Belgique actuelle), des fantassins flamands armés de massues font reculer les chevaliers français. En 1314, à Bannockburn, l'infanterie écossaise armée de piques arrête la charge de chevaliers anglais. Ces deux épisodes prouvent que les combattants à cheval ne sont pas, ou plus, invincibles.

1337-1453 LA GUERRE DE CENT ANS

En 1337, Edouard III d'Angleterre revendique le trône de France et envahit le royaume. La guerre entre les deux nations se poursuivra, jusqu'à la victoire du roi de France, pendant plus d'un siècle, les archers anglais remportant les batailles de Crécy (1346), Poitiers (1356) et Azincourt (1415). Le code de l'honneur de la chevalerie ne fut pas souvent respecté au cours de cette guerre impitoyable.

Edouard, le Prince Noir, héros anglais de la bataille de Crécy et vainqueur à Poitiers

XVᵉ SIÈCLE UNE ARMURE COMPLÈTE

Les chevaliers enferment leur corps dans une armure de plates, ou harnois. Certes, elles sont lourdes, donnent chaud et réduisent la liberté de mouvement, mais elles protègent tout le corps du cavalier.

1476-1477 FRANCE CONTRE BOURGOGNE

La guerre de Bourgogne montre que les chevaliers reculent devant les fantassins armés de piques ou d'armes à feu. L'infanterie devient plus décisive que la cavalerie.

1494 LA FRANCE ENVAHIT L'ITALIE

L'invasion du nord de l'Italie par la France en 1494 conduit à une longue lutte pour la suprématie en Europe, entre la France et l'empire des Habsbourg. Le conflit entre les deux grandes puissances se prolongera durant la majeure partie du siècle suivant.

XVIᵉ SIÈCLE L'ARMURE A SA MODE

Les chevaliers décorent leurs armures de gravures à l'acide et utilisent aussi la dorure pour l'embellir.

Barbute italienne, casque en fer de 1445

XVIᵉ SIÈCLE UNE ARMÉE DE MÉTIER

Des armées payées et permanentes de soldats de métier, soutenus par des contingents de mercenaires, remplacent peu à peu les armées féodales. Les chevaliers jouent désormais un rôle moins important dans les batailles.

1517 LA RÉFORME

En Allemagne, Martin Luther lance une révolte contre l'Église catholique romaine qui conduit à la création du protestantisme en Europe occidentale et à plus d'un siècle de conflits religieux acharnés.

XVIIᵉ SIÈCLE LA FIN DES TOURNOIS

Au cours du XVIIᵉ siècle, le tournoi est remplacé dans la plupart des pays par des démonstrations équestres appelées carrousels.

XVIIᵉ SIÈCLE LA FIN D'UNE ÈRE

La guerre devenant la tâche de soldats et de mercenaires à plein temps, l'époque des chevaliers arrive à son terme. La chevalerie n'est plus qu'un titre accordé par un monarque à une personne qu'il souhaite récompenser.

Martin Luther prêchant la réforme de l'Église en Allemagne

POUR EN SAVOIR PLUS

Si vous êtes maintenant devenu un passionné des chevaliers et de leur monde de châteaux, de batailles et de joutes, vous trouverez ici des informations pour encore mieux les connaître. Il est impossible de remonter le temps pour rencontrer de vrais chevaliers, mais rien n'empêche de visiter l'un de leurs nombreux châteaux. Peut-être y a-t-il non loin de chez vous un musée consacré au Moyen Âge, où sont exposées quelques armures ? Sinon, tâchez de vous rendre dans l'un des meilleurs musées et châteaux ouverts au public, dont la liste se trouve page 69. En outre, les bibliothèques et les librairies proposent de nombreux ouvrages sur le sujet et il existe des documentaires et des films que l'on peut regarder chez soi. Enfin, n'oubliez pas Internet : nous vous indiquons ci-dessous quelques sites fort intéressants Ainsi, vous ne tarderez pas à devenir un spécialiste de la chevalerie.

DESSINEZ VOS ARMOIRIES
Vous pouvez créer vos propres armoiries ou bien celles de votre famille, afin d'en décorer votre courrier et vos objets. Les symboles que vous choisirez devront avoir une signification en rapport avec vous ou avec votre nom, ou alors avec l'endroit où vous habitez. Consultez des ouvrages sur la question dans votre bibliothèque ou rendez-vous sur le site Internet indiqué ci-dessous pour en savoir plus sur l'héraldique.

Reconstitution d'une armure allemande de la fin du XVᵉ siècle

Grande salle du château de Warwick en Angleterre

Visière percée d'une vue horizontale

ALLEZ VOIR DE VRAIES ARMURES DANS UN MUSÉE
D'authentiques armures de chevaliers sont conservées dans divers musées, ou châteaux, dans votre pays ou à l'étranger. En France, l'une des plus belles collections est celle du musée de l'Armée aux Invalides à Paris.

RETOUR AU MOYEN ÂGE
Revivez l'époque des chevaliers et leurs combats en assistant à des reconstitutions de la vie médiévale organisées dans certains châteaux ou cités anciennes, comme celle de Provins (Seine-et-Marne). Vous pourrez y voir comment un chevalier se préparait à la bataille et assister à des joutes à la lance. En outre, cette superbe ville médiévale mérite une visite en détail pour se replonger dans cette période.

QUELQUES SITES INTERNET

• Site spécialisé sur l'héraldique (science des blasons), décodage, histoire et création :
www.sector.fr/heraldique
• Site officiel des Monuments nationaux dédié aux enfants :
www.monum.fr/enfants/indexc.dml ?lang=fr
• Site d'Aigues-Mortes (30), ville fondée par Saint Louis :
www.aigues-mortes.com/
• Site sur la légende du roi Arthur et la société médiévale :
avalon.chez.tiscali.fr/
• Site de l'office de tourisme de Provins, ville médiévale :
www.provins.net/
• Site du musée de la Guerre au Moyen Âge à Castelnaud (Dordogne) : www.castelnaud.com
• Site de la cité de Carcassonne et des châteaux cathares :
www.moyen-age.fr

...SITEZ UN CHÂTEAU MÉDIÉVAL

...1367, le château de Saumur a été ...nsformé en une somptueuse résidence ...ncière par le duc Louis Ier d'Anjou. ...est à cette époque que les anciennes ...teresses sont réaménagées par ...puissants seigneurs qui souhaitent ...re plus confortablement. Si ...grande salle a disparu, on peut ...écouvrir les appartements du ...c et de la duchesse, des pièces ...apparat et même un puits muni ...un système de levage pour tirer ...au. Dernier souci de défense : ...ntrée abrite une ...rbacane encadrée ...tourelles.

Château de Saumur

ASSISTEZ À DES JOUTES

Les tournois ne sont plus seulement une réalité du passé. En effet, des spectacles mettant en scène des chevaliers s'affrontant en joutes sont proposés au public par des troupes de bénévoles ou de professionnels, comme à Provins.

Galehot est introduit devant Arthur et les chevaliers de la Table ronde.

Le roi Arthur

Cascadeur incarnant un chevalier lors d'un spectacle

...S LÉGENDES DU ROI ARTHUR

...ut amateur du Moyen Âge ne manquera pas de ...e les passionnantes aventures du roi Arthur et de ...chevaliers de la Table ronde. Les avis divergent ...ant à l'identité d'Arthur et à son existence réelle, ...is beaucoup pensent aujourd'hui qu'il s'agissait ...n chef ou d'un guerrier de Grande-Bretagne ...i dirigea la résistance des Celtes contre ...envahisseurs saxons aux Ve et VIe siècles. ...ns le sud-ouest de l'Angleterre et en Bretagne, ...mbreux sont les sites associés à ce roi breton, et ...livres abondent à son sujet. Vous lirez l'essentiel ...son histoire dans *Sur les traces du roi Arthur*, ...emment publié chez Gallimard Jeunesse.

DES LIEUX À VISITER

PROVINS, UNE VILLE DE FOIRE MÉDIÉVALE
La ville actuelle a conservé son tissu urbain d'origine et son authenticité. Elle constitue un superbe témoignage de ce qu'était une ville de foire du XIe au XIIIe siècle. Ce patrimoine exceptionnel est animé par de nombreuses fêtes et manifestations : tournois de chevalerie, etc. • Office de tourisme – BP 44 – 77482 ProvinsTél. 01 64 60 26 26

BAYEUX
La tapisserie de Bayeux, chef-d'œuvre unique au monde, est en fait une broderie de laine sur une toile de lin réalisée au XIe siècle. Sur 70 m de long et 50 cm de haut, elle conte, simplement mais avec un luxe de détails, la conquête de l'Angleterre en l'an 1066 par Guillaume le Conquérant.
Centre Guillaume-le-Conquérant – Rue de Nesmond • Tél. 02 31 51 25 50

SAUMUR
Château des XIVe et XVIe siècles.
• Office de tourisme de Saumur
Place de la Bilange – BP 241 – 49418 Saumur Cedex
Tél. 02 41 40 20 60 ou Email : infos@ot-saumur.fr

CARCASSONNE
C'est l'ensemble le plus complet de fortifications qui susbsiste du Moyen Âge ; il fut très restauré par Viollet-le-Duc.
• Office municipal de tourisme de Carcassonne
15, Bd Camille-Pelletan – 11000 Carcassonne
Tél. 04 68 10 24 30

GUÉDELON
Durant une vingtaine d'années, 35 ouvriers construisent sous vos yeux un château fort, dans le respect des techniques du XIIIe siècle.
• Ouvert d'avril à octobre à partir de 10 h, tous les jours sauf le mercredi d'avril à juin.
Accès : autoroute A 6, sortie Toucy-Joigny. À Toucy, suivre direction Saint-Sauveur-en-Puisaye.
À Saint-Sauveur, prendre direction Saint-Amand (D 955). Le chantier se situe sur cette départementale à 6 km de Saint-Sauveur-en-Puisaye.

CHÂTEAU DE CASTELNAUD
Il abrite depuis 1985 le musée de la Guerre au Moyen Âge et conserve une importante collection (armes d'hast, épées, dagues, pièces d'artillerie, tenues défensives...). La scénographie sobre met en valeur les collections et donne des explications sur la fabrication et l'utilisation des armes et des armures. L'évolution des techniques de siège est aussi évoquée à travers un diaporama, des films et des jeux vidéo. À l'extérieur, des machines de guerre reconstituées à l'identique mettent en scène les assauts subis par la forteresse.
• Ouvert toute l'année tous les jours
24250 Castelnaud-la-Chapelle – Tél. 05 53 31 30 00

MUSÉE ROYAL DE L'ARMÉE
Dix siècles d'histoire et de techniques militaires, depuis les armures médiévales jusqu'aux avions et blindés contemporains.
• Parc du Cinquantenaire 3 - B-1000 Bruxelles
Tél. (relations publiques) : 32 2 737 78 03

MUSÉE DE L'ARMÉE
Ce musée est le conservatoire des armes anciennes.
• 129, rue de Grenelle - 75007 Paris
Pour tous renseignements : tél. 01 44 42 37 72

GLOSSAIRE

ADOUBEMENT Cérémonie par laquelle un écuyer est fait chevalier. Adouber signifiant à l'origine équiper, le jeune guerrier reçoit ce jour-là son cheval et ses armes. La cérémonie, très simple à l'origine, se charge d'un rituel complexe et religieux, de plus en plus luxueux à partir du XIIIᵉ siècle.

ARBALÈTE Arc monté sur un fût et se bandant par un mécanisme. Son projectile, assez lourd et redoutable, est une flèche appelée carreau, capable de percer une armure.

ARC ANGLAIS Grand arc utilisé au Moyen Âge. Fait d'un morceau d'if, il pouvait atteindre une cible à plus de 300 m.

ARCHÈRE Petite ouverture ménagée dans l'épaisseur du mur d'un château, par lequel un archer pouvait tirer.

ARMOIRIES Emblèmes portés par un chevalier sur son bouclier ou son surcot, permettant de l'identifier au cours d'une bataille.

ARMURE DE PLATES Armure composée de plaques de métal articulées. On l'appelle aussi harnois.

BALISTE Énorme arbalète de siège capable d'envoyer de gros carreaux.

BARRIÈRE Séparation longitudinale placée entre deux jouteurs pour éviter toute collision quand ils chargeaient.

BUTTE DE TERRE Monticule sur lequel était placée une cible pour l'entraînement des archers.

CALICE Coupe où le prêtre catholique verse le vin de la messe.

CANDÉLABRE Grand chandelier à plusieurs branches.

Passadoux

CARQUOIS Étui à flèches suspendu dans le dos ou à la taille de l'archer.

CARREAU Grosse flèche d'une arbalète ou d'une baliste, dont le fer avait quatre faces.

CHÂTELET D'ENTRÉE L'entrée d'un château était souvent protégée par des tours soigneusement fortifiées, une herse, un pont-levis et par des douves à l'extérieur.

CHEVALIER Combattant à cheval puis noble guerrier ayant été adoubé. Le terme est normalement employé pour la période située entre 1000 environ et 1600, lorsque les guerriers à cheval constituaient l'élite des armées.

CRÉNEAU Ouverture rectangulaire pratiquée au sommet d'un mur de fortification, et qui permet de tirer sur les assaillants en restant protégé.

CROISADES Série d'expéditions militaires menées par les chevaliers chrétiens au Moyen Âge. Leur objectif était de reprendre les Lieux saints aux musulmans.

DESTRIER Monture de guerre des chevaliers.

DONJON (appelé aussi tour maîtresse) C'est la plus grosse tour du château; le seigneur n'y habite pas toujours.

DORURE Fine couche d'or appliquée sur un objet afin de le décorer.

EAU-FORTE Acide qui sert à graver sur le métal. Les armures étaient parfois ornées de motifs à l'eau-forte.

ÉCHELLE D'ASSAUT Longue échelle utilisée par les assaillants pour franchir les murailles.

ÉCUYER Jeune homme au service d'un chevalier. Le plus souvent, il était de famille noble; il suivait un apprentissage pour devenir chevalier.

ÉPERON Aiguillon fixé au talon du chevalier pour exciter sa monture.

ÉTRIERS Anneaux suspendus à la selle, où le cavalier appuie ses pieds. Ils permettaient de bien tenir en selle tout en ayant les mains libres pour se servir d'une arme.

FÉODALITÉ Forme d'organisation politique et sociale qui avait cours en Europe au Moyen Âge. Un seigneur donnait un fief, une terre, à un vassal noble en échange d'obligations, notamment militaires.

GARNISON Troupe de soldats stationnant dans un château ou une ville afin de les défendre.

GISANT Statue couchée sur le tombeau d'un personnage important et représentant le mort.

GRAAL Dans les légendes du Moyen Âge, le Saint-Graal était un vase d'émeraude qui

aurait servi à Jésus pour la Cène avec ses disciples. Dans les récits concernant le roi Arthur, plusieurs de ses chevaliers partent en quête de ce vase sacré.

HARNOIS Armure inventée vers 1400, composée de plaques de métal articulées et rivetées sur un vêtement de cuir.

Châtelet d'entrée du château de Caerphilly, pays de Galles

HAUBERT Armure composée d'une multitude d'anneaux métalliques reliés entre eux, utilisée par les hommes d'armes avant le XVᵉ siècle.

HÉRALDIQUE Science des armoiries.

HÉRÉTIQUE Personne qui soutient une doctrine religieuse condamnée par l'Église catholique.

HERSE Lourde grille de fer qui fermait l'entrée d'un château fort.

HOSPITALIERS Moines soldats, croisés voués au service des pèlerins ou des malades. Les plus connus sont les hospitaliers de Saint-Jean-de-Jérusalem.

IDÉAL CHEVALERESQUE Ensemble des qualités attendues d'un chevalier parfait, tels le courage, la loyauté, l'assistance aux faibles et la courtoisie. Au XIIᵉ siècle, ces vertus forment le code de l'honneur de la chevalerie, qui prévoit également le devoir du respect aux dames.

Embrasure percée d'une canonnière

Une joute à Tours, en 1446

INFANTERIE Troupes à pied.

JOUTE Combat à cheval entre deux chevaliers armés de lances émoussées. Elle fut inventée pour leur permettre de s'entraîner au combat sans se tuer.

LANCE Arme d'hast à longue hampe et à fer pointu. Elle s'utilisait pour les charges de cavalerie.

LIEUX SAINTS Les sites de Palestine où demeure attaché le souvenir des événements de la vie du Christ.

MÂCHICOULIS Ouverture en surplomb pratiquée au sommet des murailles des châteaux forts et par laquelle on laissait tomber sur les assaillants des pierres, de la poix bouillante, etc.

MANGONNEAU Machine de siège moins perfectionnée que le trébuchet car équipée d'un contrepoids de plusieurs tonnes, qui nécessitait un treuil pour la réarmer.

MASSE D'ARMES Arme composée d'un manche et d'une tête de métal parfois garnie de pointes.

MAURE Musulman de l'Afrique du Nord et d'Espagne.

MERCENAIRE Soldat qui se battait uniquement pour de l'argent.

Armure de samouraï japonais

Reconstitution d'une scène d'hommages rendus par des seigneurs japonais au shogun

MORS Pièce de métal placée dans la bouche du cheval, reliée aux rênes et servant à le diriger.

NORMANDS Ils descendaient des Vikings, qui s'établirent en Normandie au Xe siècle. Ils conquirent l'Angleterre en 1066, commandés par le duc Guillaume le Conquérant.

PAGE Jeune garçon noble au service d'un seigneur. Il se destinait à devenir chevalier.

PALEFROI Cheval pour les processions et les cérémonies.

PASSADOUX Fer de flèche effilé.

PAYSAN(NE) Homme ou femme qui travaillait la terre.

PÈLERINAGE Voyage effectué vers un lieu de dévotion. Au Moyen Âge, des pèlerins se rendaient à Jérusalem et à d'autres lieux de la Terre sainte. Ils partaient aussi se recueillir sur la tombe de saints célèbres, comme celle de Saint Pierre à Rome ou de Saint Jacques à Compostelle. Le pèlerinage était un long voyage plein de dangers qui se déroulait sur plusieurs mois. Les pèlerins suivaient une route précise avec des étapes rituelles dans des lieux de culte.

MOTTE FÉODALE Du Xe au XIIe siècle, les châteaux étaient construits sur une motte, élévation de terre pouvant atteindre 20 m. Au centre se dressait une tour de bois. La cour, en contrebas de la motte, abritait les entrepôts et les habitations.

POMMEAU Extrémité arrondie de la poignée d'une épée, qui fait contrepoids à la lame.

RANÇON Somme d'argent que l'on paie en échange de la libération d'un personnage, seigneur ou chevalier, fait prisonnier lors d'une bataille. La rançon était demandée à la famille du captif.

SAMOURAÏ Chevalier dans l'ancien Japon.

SARRASIN Au Moyen Âge, nom donné par les Occidentaux aux musulmans d'Europe et d'Afrique.

SERF Sous la féodalité, paysan non libre.

SHOGUN Chef militaire qui règne réellement sur le Japon à partir de 1185.

Éperon

SURCOT Vêtement porté au-dessus de l'armure de mailles. Le chevalier y affichait souvent ses armoiries.

TEMPLIERS Ordre religieux et militaire fondé par des croisés français pour protéger les pèlerins chrétiens en Terre sainte.

TOURNOI Fête guerrière où des chevaliers combattaient à armes émoussées pour s'entraîner.

TRÉBUCHET Machine de guerre, sorte de catapulte destinée à lancer des pierres pour abattre les murailles d'une place forte assiégée.

TREUIL Appareil de levage à roues permettant de soulever de lourdes charges, utilisé en particulier pour les contrepoids des engins de siège.

TROUBADOUR Poète provençal du Moyen Âge qui composait et chantait des poèmes ayant pour sujet l'amour courtois.

VISIÈRE Partie mobile d'un casque qui recouvrait le visage.

INDEX

NOTES

Dorling Kindersley tient à remercier : The Wallace Collection, the Royal Armouries, the British Museum, et the Museum of the Order of the St. John pour la fourniture d'objets à photographier ; English Heritage, the National Trust, et Cadw (Welsh Historical Monuments), pour l'autorisation de photographier aux châteaux de Rochester, Bodiam et Caerphilly ; David Edge de la Wallace Collection ; Paul Cannings, Jonathan Waller, John Waller, Bob Dow, Ray Monery et Julia Harris pour avoir servi de mannequins ; Anita Burger pour le maquillage ; Joanna Cameron pour les illustrations (pages 22-23) ; Angels et Burmans pour les costumes ; Sharon Spencer, Manisha Patel et Helena Spiteri pour leur assistance éditoriale et artistique ; Céline Carez pour ses recherches.

ICONOGRAPHIE

h = haut, b = bas, c = centre,
g = gauche, d = droit

Ancien Art & Architecture Collection 58cg, 58c, 58hd, 59bg, 65b. Bridgeman Art Library 53b. Biblioteca Estense. Modena 10b. Bibliothèque de L'Arsenal, Paris 64bd. British Library 19hc, 20hd, 20c, 38cd, 39c, 49hd, 54hg. Bibliothèque municipale de Lyon 55c. Bibliothèque Nationale, Paris 11bd, 15hd, 22cd, 25hg, 41hd, 42bg, 43h, 54bg, 57hd. Corpus Christi College, Oxford 54bd. Giraudon/Musée Condé, Chantilly 50bg, 51bg, 65h. Vatican Library, Rome 50bd. Victoria & Albert Museum 37cg. Wrangham Collection 59c. British Museum 71cd. Burgerbibliothek, Berne 25dc. Christ Church, Oxford/ photo Bodleian Library 27hg. Dorling Kindersley : Photo from Children Just Like Me by Barnabus & Anabel Kindersley, published by DK 71bg. E.T. Archive 6bg, 11hg, 18 bg, 27hd, 30bg, 31bg, 33cg, 33cd, 39hd, 41c, 49bg, 57bc, 58dc, 59cg, 60c. British Library 19bc, 32c. British Museum 27bg. Fitzwilliam Museum, Cambridge 48dc. Mary Evans Picture Library 69bg. Robert Harding Picture Library 8hg, 12dc, 18hd, 22bg, 26c, 34bd, 34bg, 55bg. British Library 11c, 34cg, 44b, 45bg. Michael Holford 8bg, 9hd, 52c, 55bd. Hulton-Deutsch Collection 56cg. A.F. Kersting 9cg. Mansell Collection 11bg, 21c, 39hd, 46bd, 55hg, 63bg, 63hg. Alinari 46hd. Bildarchiv Foto Marburg 48bd. Arxiu Mas 54cg. Stadtbibliothek Nurnberg 17dc. Österreichische Nationalbibliothek, Vienna, (Cod.2597, f.15) 40bd ; Pierpont Morgan Library, New York 29c. scala 7bd, 33h, 34hgc, 36cg. Stiftsbibliothek St Gallen 6c. Syndication International 26bd, 27cg, 27hcg, 32bc, 37hg, 41hg, 50hd, 53g, 57hg./ photo. Trevor Wood 36hd. Warwick Castle 68cb.

Couverture : © Dorling Kindersley Ltd pour tous les documents, sauf 1er plat cg : © Ancient Art & Architecture collection

Nous nous sommes efforcés de retrouver les propriétaires des copyrights. Nous nous excusons pour tout oubli involontaire. Nous effectuerons toute modification éventuelle dans nos prochaines éditions.